Antje Thietz-Bartram

Die Weihnachtsuhr

Geschichten · Gedichte · Rezepte

Antje Thietz-Bartram

Die Weihnachtsuhr

Geschichten · Gedichte · Rezepte

Mit einem Vorwort
von Sabine Witt

PERLEN DER LITERATUR, BAND 9
Herausgegeben von Ralf Plenz

Input-Verlag, Hamburg

Bibliografische Information der Deutschen Nationalbibliothek:
Die Deutsche Nationalbibliothek verzeichnet diese Publikation in der Deutschen Nationalbibliografie; detaillierte bibliografische Daten sind im Internet über http://dnb.dnb.de abrufbar.

Das Buch erschien erstmals 1988, die zweite erweiterte Auflage 1998. Produziert wurden beide Bücher von der Christians-Druckerei in Hamburg.

Dieser Text wurde in Rechtschreibung und Zeichensetzung den aktuellen Gegebenheiten angepasst.

Antje Thietz-Bartram: Die Weihnachtsuhr
Perlen der Literatur, Band 9

Verlag: Input-Verlag, Schmarjestr. 42, 22767 Hamburg
Tel.: 040/60 92 26 04
Internet: www.input-verlag.de · E-Mail: info@input-verlag.de
Facebook, Instagram: perlenbibliothek
www.perlenderliteratur.de
ISBN 978-3-941905-37-5

Fotos, Bildbearbeitung, Scans, Satz und Layout:
Ralf Plenz, Input-Verlag, Hamburg
Schrift: Weidemann ITC in diversen Schnitten auf Apple Macintosh
Lektorat: www.lektorat-wortgewandt.de
Design des Vorsatzpapiers: Jörn Plenz
Druck: www.jt.lv
Coverdesign und Kalligraphie: Ralf Plenz

Vorwort

BEREITS SEIT DEN 1960ER Jahren erfreut Antje Thietz-Bartram Familie, Freunde, Bekannte und Kollegen jedes Jahr zu Weihnachten mit einem Gedicht. Dieses Buch enthält die Sammlung der bis 1998 entstandenen Verse. Dazu kommen noch weihnachtliche Geschichten und Rezepte. Die Autorin zeigt uns ganz authentisch in ihren Texten, wie das für viele Menschen unseres Kulturkreises wichtigste Fest des Jahres früher begangen wurde – nämlich zu Zeiten der Kindheit von Antje Thietz-Bartram. Sie feiert 2021, dem Jahr der Neuerscheinung von „Die Weihnachtsuhr“, ihren 92. Geburtstag! Weit zurück in die Vergangenheit entführt sie uns, bis in die 30er Jahre, und lässt uns teilhaben an den Erlebnissen der kleinen Antje – bis hin zu späteren der erwachsenen Frau Thietz-Bartram in den 90er Jahren.

Titelgebend ist gleich die erste Geschichte in diesem Band, „Die Weihnachtsuhr“. Hier sieht man Klein-Antje beim Basteln und Backen. Und erlebt ihre Ungeduld vor einer Uhr, die die Tage bis zum Heiligabend zählte und auf der es am 24.12. endlich hieß: „O schöne sel’ge Weihnachtsfeier, du aller Herzen innig teuer. O komm und mach uns all vereint, zu fühlen diese Seligkeit“. Herzerwärmend dann die Beschreibung des Heiligen Abends mit müdem Mädchen im

Engelskleid, Weihnachtsmann, Punsch und Puppenstube. Rezepte liefert uns Antje Thietz-Bartram auch – für Karpfen etwa, der vor dem Festtagsmahl in der Badewanne schwimmt und gefüttert wird. Auch in die Geheimnisse der „Quittenwürste" werden wir eingeweiht. „Ein Genuss!", heißt es schlicht am Ende der entsprechenden Geschichte.

Das Potpourri wird gekrönt von den Gedichten zur Weihnachtszeit, die für Antje Thietz-Bartram so typisch sind, und auf die alle, die mit ihr verbunden sind, immer noch Jahr für Jahr gespannt warten. Stets sind es aktuelle Themen, die von der Autorin eingeflochten werden. So auch im Ausnahmejahr 2020:

> Auch dies Jahr geht zu Ende,
> anders nur, als wir's gewohnt.
> Es sieht aus wie eine Wende,
> die unser Leben nicht verschont.
> ...
> Jesus hat den Tod überwunden;
> Wir werden das Virus besiegen.
> Lasst uns beten und bekunden:
> Wir lassen uns nicht unterkriegen.

Sabine Witt

* Um den Lesefluss nicht zu beeinträchtigen, haben wir uns gegen das Gendern entschieden. Die weiblichen Entsprechungen sind aber (wo sinnvoll) ausdrücklich mitgemeint.

Zur Buchreihe

Die vorliegende Buchreihe Perlen der Literatur beschreitet Neuland. Hier werden nur Titel wiederveröffentlicht, die bereits im 19. oder 20. Jahrhundert in Europa erschienen sind und zeitweise sehr erfolgreich waren oder sprachliche Besonderheiten aufweisen und auf jeden Fall richtungsweisend wirkten. Oft waren diese Bücher über viele Jahre nicht lieferbar. Daher: wiederentdeckte Perlen.

Zur Auswahl befragen wir Germanisten*, Anglisten und Romanisten, Buchhändler, Bibliothekare, Psychologen und Vielleser. In einem kleinen Beirat werden die in Frage kommenden Titel gesichtet und bewertet. Wir arbeiten gerne mit Lese- und Literaturkreisen zusammen und wollen allen Lesern das Bestmögliche bieten:

- Bibliophile Ausstattung mit Fadenheftung und Leineneinband
- Jeder Band in einer anderen Typographie mit von einem Designer gestaltetem Vorsatzpapier
- Kalligraphische Elemente als Leseanreiz
- Einheitlich günstiger Ladenpreis trotz eines Buchumfangs zwischen 160 und 480 Seiten
- Die gefaltete Bauchbinde dient dem Leser als Lesezeichen und enthält auf der Innenseite weitere Informationen zur Reihe Perlen der Literatur

Ralf Plenz
Herausgeber

Meinen Enkeln
und Freunden gewidmet

Wie ich dazu gekommen bin, Weihnachtsgedichte und -geschichten zu schreiben

WENN MAN AUS EINER gemütlichen Kleinstadt in eine riesige Großstadt verschlagen wird, möchte man den Kontakt mit seinen alten Freunden nicht verlieren. Und da bietet sich vor allem das Weihnachtsfest an, das „Fest der Liebe und des Fressens", wie mein Vater in Festlaune zu sagen pflegte, um an ferne Lieben zu denken.

Vor dreißig Jahren zogen wir, mein Mann und ich, mit zwei kleinen Kindern in diese Großstadt Hamburg.

Von der Kriegszeit her gewohnt zu basteln, Geschenke selbst anzufertigen, beschloss ich, die Weihnachtsbriefe mit einem Vers zu versehen, selbst in Fraktur zu schreiben, mit einem alten Federhalter, den schon mein Großvater benutzt hatte. Ein Stück Zeitung diente mir als „Fidibus", der die Feder mit Scriptol füllte.

Kurz und einprägsam, ernst und tröstend sollten die Sprüche sein. Als ich nach zwei Jahren nichts Geeignetes mehr fand, entschloss ich mich, selbst zu formulieren. 1962 entstand mein erster Weihnachtsvers.

Ihr Menschen, gefangen in Dunkel und Leid!
Ihr Menschen, kommt und macht euch bereit!
Die Heilige Nacht ist nicht mehr fern –
seht ihr den weithin leuchtenden Stern?
Folget seinem Lichte und knieet dann,
Das Kindlein wird euch segnen. O betet an!

Da ich sechzig Menschen zu bedenken hatte, musste ich diese sechs Zeilen eben sechzigmal abschreiben. Mit Hilfe einiger Nächte gelang dies. Verziert wurden diese kleinen Verse mit gebügelten Strohsternen oder -lichtern. Bis 1966 schrieb ich in Fraktur. Inzwischen waren neunzig Freunde zu bedenken.

Als ich 1964 in Tirol Frau Gretel Lemcke kennenlernte, änderte sich der Stil der Weihnachtsgedichte. Diese zwanzig Jahre ältere, gehbehinderte Dame hatte goldene Hände und zauberte mir bis zu ihrem Tod 1986 die schönsten Scherenschnitte. Ich aber begann meine Gedanken in drei bis fünf Strophen aufzuschreiben, die ich erst mit der Schreibmaschine wieder und wieder durchschlug.

Kopiergeräte waren mir noch nicht bekannt. Schließlich suchte ich mir 1972 aus dem Adressbuch einen Drucker, der mir die Gedichte, jetzt schon 150 Exemplare, jahrelang herrlich druckte für „50,– DM“ und ein Glas Marmelade, weil ich ihm Glück gebracht hatte mit meinem Auftrag – aber das ist eine andere Geschichte.

Inzwischen ist das Kopieren üblich. So tippe ich jetzt die Gedichte, versehe sie mit einem alten

Scherenschnitt und lasse so viele Blätter kopieren, wie ich brauche.

Im letzten Jahr waren es 700. Viele Menschen, Zeitungen, Vereine werden „beliefert“. Die Gedichte werden gesammelt. Oft bittet man mich um ein verlorengegangenes.

Kleine Weihnachtsgeschichten schrieb ich, um bei Weihnachtsfeiern etwas zum Vorlesen zu haben. Dann wurde ich gebeten, in der Adventszeit in Schleswig-Holstein vorzulesen. Ich nahm die Lesung an, ohne die Bedingungen genau in mich aufzunehmen. Erst, als der Termin sehr nahe gerückt war, las ich mir alles wieder durch und entdeckte, dass man von mir eine ostholsteinische Wintergeschichte erwartete.

Der erste Gedanke war: Ich sage ab und werde einfach krank. Oder aber, dachte ich dann, ich muss etwas Passendes schreiben. Ich erinnerte mich an mein Erlebnis mit dem Brassen ...

Wie das meiste im Leben wächst und schließlich Gestalt annimmt, ist auch dieses Weihnachtsbuch allmählich entstanden. Gedanken an Freunde, Familiensitten und -gebräuche, sie sind in der heutigen Zeit wichtiger denn je, sie sind ein Band, das kräftig macht, denn Freunde in der Not sind Gold wert, und eine Familie, die zusammenhält, ist unschlagbar. Dieses Buch möchte in diesem Sinne gesehen werden. Diesen Text schrieb ich für die erste Buchauflage 1988.

Zehn Jahre sind vergangen, es ist 1998. Viel hat sich verändert. Es ist eingetroffen, was ich auf Seite 32 hoffnungsvoll geschrieben habe. Bei meinen vielen

Weihnachtslesungen werde ich immer wieder um das Buch gebeten, das schon fünf Jahre vergriffen ist. Als ich im vergangenen Jahr in Raisdorf über Preetz bei der Weihnachtsfeier der Landfrauen Gedichte und Geschichten vorlas, kam auch der Kutscher, der uns Weihnachten von meinem Elternhaus zum Großelternhaus spät am Abend zu kutschieren pflegte, vor. „Wissen Sie noch, wie der Kutscher hieß?“, rief es aus dem Zuschauerraum. „Ja, Strohbehn“. „Das war mein Großvater.“ Die Frau kam zu mir und sagte: „Die Großmutter lebt noch. Ich möchte das Buch unbedingt für sie haben.“ „Aber ich habe doch nur noch drei“, antwortete ich zögernd. „Dann haben Sie nun noch zwei!“, erklang die resolute Stimme. Ich konnte nicht widerstehen und gab das gute Stück her.

In den vergangenen zehn Jahren ist immer zum Fest ein neues Gedicht entstanden, auch neue Geschichten zum Vorlesen, die in dies Buch hineingehören. Eine adventliche, frohe Zeit mit der neuen „Weihnachtsuhr“!

Dass nun, nach 33 Jahren, die Weihnachtsuhr im Input-Verlag erscheint, ist auch der Frau des Verlegers Ralf Plenz, Ulrike Lemke, zu verdanken, der ich seit rund 20 Jahren freundschaftlich verbunden bin.

Hamburg, 2021

Die Weihnachtsuhr

Dir, Weihnachtsuhr,
bin ich auf der Spur,
und das seit Jahren.
Ich acht' keiner Gefahren.
Dein Zeiger, den wir drehen,
bleibt lange oben stehen.
Er weist über uns hinaus.
Bald hat jeder dich im Haus
kann sich an dir erfreuen,
den alten Brauch erneuen,
der uns zusammenhält
in dieser schnellen Welt.

Förtchenrezept

WEIHNACHTSMORGEN! DAS BEDEUTET in unserer Familie für die Kinder: Mutter helfen, einkaufen, Klavierlehrerinnen besuchen, Nachbarn beschenken. Oft kristallisiert sich dieser Besuch dann schon als kleine Vorweihnachtsbescherung heraus, nicht selten kommen die Kinder mit Süßigkeiten heim. Seit sie älter sind, treffen sie sich mit anderen Kindern, die auch zum Geschenkeausteilen unterwegs sind.

Aber immer ist es noch nicht so weit. Das Warten will für die Kinder kein Ende nehmen. Die Zeit bis zur Bescherung scheint unendlich. Da hilft mir schon seit Jahren eine Sitte aus meiner Kinderzeit. Ich erinnerte mich, dass unser Mädchen Hedwig den ganzen Morgen dabei war, Förtchen zu backen. Dieses herrliche süße Gericht ist mühsam herzustellen und sehr zeitaufwendig. Aber ein Hauch von Kuchenduft, von geheimnisvollem Flair geht von ihm aus. So wird die Hektik dieses Morgens, der für die Hausfrau zum Alptraum werden kann, gedämpft. Besonders, wenn die Kinder unbeschäftigt und neugierig und schon mit allen Besorgungen fertig, einem immer wieder zwischen die Füße kommen, wenn sie die Türen blockieren oder sogar durchs Schlüsselloch blinzeln, dann muss einem etwas einfallen, das ihre Aufmerksamkeit voll erfordert.

Die Kinder dürfen also vom zehnten Lebensjahr an Förtchen backen. Vor allem unser Ältester band sich sehr wichtig stets die große weiße Küchenschürze um – die noch von meiner Großmutter stammt und mit einer Sicherheitsnadel am Pullover befestigt wird.

Zuerst wird die Förtchenpfanne aus der Speisekammer geholt. Dort hat sie das ganze Jahr über auf diesen Augenblick gewartet. Ihre sieben Vertiefungen, die mich immer schon, allein der Zahl wegen, festlich stimmen, werden andächtig ausgewischt. Dann stellen wir sie auf die Elektroplatte, die sogleich betätigt wird. Früher auf dem Kohlenherd – und aus der Zeit stammt ja noch unsere Pfanne – war es einfacher.

In die Ausbuchtungen wird Fett gegeben, Margarine oder Öl, nicht zu knapp.

Inzwischen bereitet man den Teig, der nicht, wie überall in Kochbüchern zu lesen, mit Hefe angesetzt werden muss – das wäre für einen Weihnachtsmorgen und eine beschäftigte Hausfrau viel zu aufwendig. Nein, es geht auch mit Backpulver. Man bereitet nur einen etwas dicklichen Pfannkuchenteig, dann geht das Backen los.

Ich nehme 500 g Mehl, 1 Backpulver, 1 Prise Salz, 5 Eier, Milch nach Gefühl. Ein Handmixer wirbelt einmal kurz alles durch.

Dann werden die Löcher in der Förtchenpfanne zur Hälfte mit dem Teig gefüllt, wozu ich einen kleinen Schöpflöffel benutze.

In die Mitte gebe ich einen Klecks Pflaumenmarmelade oder Rosinen. Ein Teller mit Zucker steht inzwischen neben dem Herd. Ständig muss man mit einer Gabel prüfen, ob die einzelnen Förtchen von der Pfanne loslassen. Man wiegt sie hin und her und muss auch gelegentlich Fett nachgeben, damit keines der hoffnungsvollen Bällchen kleben bleibt.

Ist das erste Förtchen hellbraun, schwupp, dreht man es um, so dass der obere Teig, der noch nicht gar ist, nach unten fließen kann und wir eine leckere Kugel bekommen. Ist auch die andere Seite fertig, nimmt man das Förtchen mit einer Gabel heraus, dreht es im Zuckerteller einmal herum und legt es zum Wärmen auf eine Wärmeplatte. Ich gebe dazu Pflaumenkompott.

Bis es aber so weit ist, hört man von den fernen Kirchenglocken schon die ersten Töne.

Wieder will der Kerzenschein
euer Herz erhellen!
Ihr müsst nur offen
für ihn sein
und euch nicht verstellen.
Gebt euch hin dem Kindelein;
es wird euer Retter sein!

1963

Einmal im Jahr sendet
Gott uns sein Licht ...
Schaut empor,
erhebt das Gesicht!
Damit des Sternes
Widerschein
erhelle euer
ganzes Sein.

1964

I.

Seid still in der Heiligen Nacht!
Horcht wie ein Hirt', der wacht!
Schenkt Liebe, wie Gott so reich,
und seid ein Kind zugleich!

II.

O, dass es nur für eine kleine Weile
in euch stille werd',
damit ihr Gottes Kommen hört
auf dieser Erd.

1965

Weihnachtsglanz

Ich wehre mich gegen das Weihnachtsklischee
und sehne mich in der Zeit viel mehr nach Schnee
und meinen alten, heilen Kindertagen.
Dann quälen mich keine Erwachsenenfragen.

Ich möchte durch weiße Tannenwälder stapfen
und staunend stehen vor den langen Zapfen.
Dann nehme ich einen mit ins Weihnachtszimmer
dort finde ich vertrauten Kindheitsschimmer.

Ich sammle wieder Moos für den Märchenwald,
und nun schneit es, glaube ich, wirklich bald.
Für meine Kinder baue ich die Figuren auf
und blicke getröstet die Tanne hinauf.

Meine Augen bleiben an der Spitze hängen,
und ich lausche den altbekannten Klängen.
Eine wohlige Wärme durchflutet mich ganz.
Jetzt bin ich erfüllt vom Weihnachtsglanz.

1966

Das Kreuz an der Krippe
wer sieht es schon
und die Erlösung der Welt
durch Gottes Sohn?

Am Anfang das Ende,
wer denkt daran
und was Jesus
für uns getan.

Im Leben ans Sterben
wer erinnert sich viel?
Und so hat der Teufel
ein leichtes Spiel.

1966

Weihnachten bei uns zu Haus

WEIHNACHTEN BEGANN BEI UNS schon Mitte November; in manchen Jahren war dies noch früher. Das kam daher, dass mein Vater sich im großen Gartenzimmer, das neben seinem Arbeitszimmer lag, eine richtige Werkstatt eingerichtet hatte. Für mich war das besonders geheimnisvoll, da sehr merkwürdige Geräusche wie Klopfen, Sägen, Hämmern zu hören waren, von denen ich annahm, dass sie mein Vater nicht allein verursachte. Ob die Heinzelmännchen ihm halfen? Ich musste jedenfalls auf Zehenspitzen durch die Diele gehen. Der ganze Bereich des Parterres, in dem ich mich sonst so gern versteckte, war tabu.

In der Küche roch es noch lange nach der Quittenernte nach dieser Marmelade, und die Quittenwürste wurden im Badezimmer zum Trocknen aufgehängt.

Ich saß am Küchentisch und bastelte. Denn, da ich das einzige Kind in diesem Haus voller Erwachsener war, fühlte ich mich am meisten zu den Mädchen hingezogen, die eine Atmosphäre hatten, die mir gefiel, die mir nicht fremd war und die mich nicht zwang, mich gut zu benehmen, was ich hasste. Als dann die Adventszeit kam, änderte sich zuerst nicht viel.

Allerdings gab es sonntags braune Kuchen auf Weißbrot, roch es nach Apfelschale, aus der man den Apfeltee bereitete. Erst am 13. Dezember begann die Spannung einzusetzen. Und die wurde durch die Weihnachtsuhr hervorgerufen, die der Großvater meines Vaters für diesen, als er drei Jahre alt war, gebastelt hatte. Das war 1901. Und da mein Vater am 13. Dezember geboren wurde und noch zwölf Tage bis zum Fest blieben, war der Uhrenrhythmus eingehalten. Graphisch sehr schön anzusehen, mit alten Oblaten beklebt, haben die kurzen Verse noch heute ihre Bedeutung. Am 13. heißt es: „Bald kommt die schöne Weihnachtszeit, / worauf die ganze Welt sich freut." Und am 14.: „O! Lasst uns gut und artig sein! / Wer bös ist, darf sich ja nicht freu'n."

Ich beschloss, sehr brav zu sein. Als es ans Backen der weißen Kuchen ging, suchte ich verzweifelt die Kuchenformen. Schließlich fand meine Mutter sie unten in der Weihnachtswerkstatt. Was sie da sollten? Nun, das klärte sich bei mir spätestens am Heiligen Abend auf. Mein Vater hatte ein sogenanntes Transparenthaus gebastelt. Die Seiten hatte er als Laterne zum Zusammenfalten gekauft, ausgeritzt und mit Transparentpapier hinterklebt. Da mein Vater gut werken, aber gar nicht zeichnen konnte, hatte er die Kuchenformembleme übertragen, ausgeschnitten, mit Transparentpapier versehen und zu einem Dach verarbeitet. So fanden sich die Rehe, Lämmer, Schwäne, Enten dort wieder an.

Es wurden nun weiße Plättchen* gebacken, die wir Spekulatius nannten. Sie schmeckten sehr nach Zimt.

* In unserer norddeutschen Familie ist es gebräuchlich, für dieses flache, platte Gebäck, „Plättchen" zu sagen. Allgemein setzte sich das Wort „Plätzchen" im Hochdeutschen durch.

Erst am 13. Dezember begann die Spannung einzusetzen. Und die wurde durch die Weihnachtsuhr hervorgerufen, die der Großvater meines Vaters ... gebastelt hatte.

Am 15. heißt es: „O! Seid gehorsam fromm und gut / und denkt ans Fest mit frohem Mut!“ – Nun, das tat ich. Ich fand im Gegenteil, wie alle Kinder, dass es nur schleppend weiterging. Am 16. dann: „Kommt, lasst uns lustig weiterdreh’n, / bald wird der Zeiger oben stehn!“ – „Und wenn der Zeiger oben steht, / dann jubeln wir von früh bis spät.“ Ja, wenn, es war nun fünf Minuten vor halb, ich konnte die Uhr vom Haken nehmen und umdrehen, das andere rote Band benutzen, damit man die Schrift besser lesen konnte. Endlich heißt es: „Nun sind es sieben Tage noch, O! Weihnacht, Weihnacht, komme doch!“

Ich hatte alle Geschenke schon fertig, sie waren gut verpackt und mit Zettelchen versehen. Es gab viele Onkel und Tanten, die bedacht werden wollten. Da mein Großvater ein Jahr nach meiner Geburt gestorben war, kamen die Geschwister meiner Mutter, die alle drei noch unverehelicht waren, zu uns zur Bescherung. Ich war als Kind allein und spürte die

Verpflichtung, alle Erwachsenen zu erfreuen, eben ein wenig ihr Christkind zu sein. Ich war wohl fünf oder sechs Jahre alt, vielleicht auch sieben oder acht. In diesen Jahren spielte sich alles in derselben Reihenfolge ab. Zunächst wurde das Engelkleid herausgeholt. Ob es noch passte, wurde probiert, sonst musste es verlängert werden. In jedem Jahr wurden neue goldene und silberne Sterne daraufgeklebt. Dann wurden die goldenen Flügel ausprobiert. Sie waren aus Pappe, und ich zog sie wie einen Rucksack über. Endlich musste ich mein Gedicht lernen, denn es war inzwischen schon der 19. Dezember geworden. „Wer späht durch die verschloss'ne Tür, / verdienet kein Geschenk dafür", sagt die Weihnachtsuhr. Nun, ich hätte gern gespäht, einmal habe ich es auch versucht und mich lange auf der dunklen Diele herumgeschlichen. Aber dann sah ich doch nichts, und ich schämte mich, da ja das Christkind ins Herz sehen kann und man nur ganz rein unter den Tannenbaum treten darf. Und ich lernte: „Markt und Straßen steh'n verlassen, still erleuchtet jedes Haus ..." oder später: „Heil'ge Nacht auf Engelsschwingen nahst du leise dich der Welt!" Als erstes Gedicht natürlich: „Von drauß' vom Walde komm ich her ..."

Wer hat dies nicht gelernt? Die Uhr zeigte schon auf den 20.: „Wer fromm und gut und artig ist, / den auch das Christkind nicht vergisst." Nun war es Viertel vor Weihnachten. „Du Christbaum mit den Lichtern hell, / wir harren dein, o komm doch schnell!"

Ich hatte meine Geschenke schon alle in einen alten Korb getan und bereitgestellt. Mit allen Kinderherzen fragt auch die Uhr: „Wann wird die Türe aufgetan? / Wann zündet man die Lichter an?“

Es gab Schulferien, vielleicht auch ein wenig Schnee. Die Spannung steigerte sich. Die Uhr verkündet: „Triumph! Das Fest ist morgen da. / Wir Kinder freuen uns, hurra!“ In dieser Nacht meine ich, gar nicht mehr geschlafen zu haben.

Der Weihnachtsmorgen war noch voller Alltag. Der Staubsauger heulte. Überall hatten die Menschen es hilde, eilig, es schimmerte noch nicht viel Weihnachtliches auf ihren Gesichtern. Ich war überall im Wege. So schickte man mich zu einigen uns bekannten alten Damen mit einem Rotkäppchenkorb voller leckerer Dinge. Ich besuchte ein altes Fräulein auf dem Kloster. Bei ihr war alles wie geleckt. Ich traute nicht, mich hinzusetzen. Doch in jedem Jahr durfte ich ihren großen, gläsernen, halbkugelförmigen Briefbeschwerer anfassen und mir die bunten Blumen darinnen betrachten. Dieser Zauberkugel traute ich magische Kräfte zu.

Zuletzt besuchte ich noch Tante Dolle, die sehr klein war und einen Buckel hatte. Ob ihr Kindermädchen sie hatte fallen lassen wie bei Toulouse-Lautrec?, dachte ich später. Sie trug einen Kneifer auf der Nase und schien mir aus dem Märchenland zu kommen.

Durch diese Besuche war die Zeit bis zur Bescherung überbrückt, und ich hatte etwas Gutes getan, wie man mir sagte, was ich aber gar nicht so empfand. Fast hätte ich vergessen, die Weihnachtsuhr auf den 24. zu stellen: „O schöne sel'ge Weihnachtsfeier, / du aller Herzen innig teuer, / o komm und mach uns all bereit, / zu fühlen diese Seligkeit."

Ich war bereit. Die Stunden liefen schneller, es wurde still im Haus. Unser Mädchen hatte schon eine weiße Schürze umgebunden. Und ich musste nun das Engelkleid anziehen und ein goldenes Band mir um die Stirn binden lassen. Nicht immer sind wir in den Gottesdienst gegangen, aber wir lauschten dem Läuten der nahen Kirchenglocken. Mit der alten Kellerschelle, die mein Vater zur Weihnachtsglocke umfunktioniert hatte und zu einem Glockenspiel erweiterte durch lauter goldene kleine Messingglöckchen, die einmal zu einem Till-Eulenspiegel-Faschingskostüm gehört hatten, klingelte, bimmelte er den Beginn unserer Weihnachtsfeier ein.

Ich kam die Treppe herunter. Auf der dritten Stufe von unten blieb ich stehen. Der Weihnachtsmann war gekommen. Um ihn standen alle Erwachsenen, die beiden Tanten hatten die Großmutter umrahmt, der Onkel hatte sich schmunzelnd angelehnt, die Eltern warteten, dass das Programm ablaufen sollte, denn sie waren die Gastgeber. Ich sagte mein Gedicht. Dann nickte der Weihnachtsmann wohlgefällig. Er holte ein großes Buch und las daraus vor, dass ich das Daumenlutschen aufgeben sollte und nicht dauernd meine Kleider zerreißen. Ich aber hörte schon nicht mehr zu, denn diese Stimme kannte ich. Es war unser Drogist mit seiner melodischen Stimme. Ich wollte den

Erwachsenen die Freude nicht verderben und spielte mit.

Dann wurde es plötzlich heller und wärmer. Der Weihnachtsmann ging in die kalte Nacht hinaus, die Weihnachtsglocke läutete wieder, und es formte sich ein Zug durch die Diele. Ich durfte als Erste gehen. Und ich kam in ein anderes Land. Von der Lampe herab hingen schon Tannenzweige. Die Luken waren zugeklappt, und in der Fensternische stand ein kindergroßer Oblatenweihnachtsmann. Dann ging es ins Arbeitszimmer meines Vaters. Überall auf den Bücherborden standen Kerzen. Die Transparenthäuser gaben bengalisches Licht. In dem Durchgang zum Gartenzimmer hing ein Mistelzweig, dessen Bedeutung ich nicht kannte. Meine Mutter spielte Weihnachtslieder auf dem Klavier, und wir mussten singen. Zwischendurch wurde die Weihnachtsgeschichte von meinem Vater vorgelesen. Ich schielte zu den Spielsachen unter dem Tannenbaum.

Mein Vater betrachtete wohlgefällig sein Werk. Der Märchenwald war in diesem Jahr wieder ganz besonders schön geworden: das Bremer-Stadtmusikanten-Haus mit seinem viereckigen Dach aus Weinflaschenhülsen, die damals noch aus Stroh waren, die Fenster aus Glas mit Luken, die von Bleiecken beschwert wurden, die man eigentlich in Kleider nähte oder für Gardinen zum Beschweren brauchte. Und nun gar das Hexenhaus mit seinen Gelatinefenstern und dem ausgeschlachteten Schwein aus Marzipan, den Süßigkeiten, die an kleinen Speckhaken über das Dach gehängt wurden. Die Figuren fehlten nicht. Es gab Hänsel und Gretel, Rotkäppchen, den Wolf, die Bremer Stadtmusikanten und noch viele Tiere, die komischerweise oft so groß wie die Märchenmenschen waren.

Die Hexe war gerade auf dem Weg zu einem Extrahäuschen. Es war ihre Toilette, das Hexenklo genannt. Meine etwas steife Großmutter folgte meinem Vater und ließ sich alles zeigen. Sie nickte anerkennend mit dem Kopf und schien sehr angetan von allem, was sie sah. Ihr Lorgnon hing an einer goldenen Kette herab. Mein Vater, den der Hafer stach, wie man so schön sagt, der also voller Schalk war und bester Laune, wies meine Großmutter auf dies kleine Häuschen mit dem roten Herzen. Dann öffnete er genüsslich die Tür, indem er die Bleiverriegelung löste. Meine Großmutter zückte, um besser sehen zu können, das Lorgnon und beugte sich vor. Da rief auch schon mein Vater: „Großmutti, darf ich dir auch etwas anbieten?“, und er griff dabei in die Brille des Hexenklos, holte einige dunkelbraune, ausgeknackte Haselnüsse heraus – und steckte sie sich verschmitzt in den Mund. „Aber Kurt-Heinrich!“, entrüstete sich die Großmutter und wandte sich pikiert ab. „Das Weihnachtsfest beginnt!“, sang mein Vater mit einigen Tanzschritten. – WHW(Winterhilfswerk)-Figuren hingen von der mit grünem Seidenpapier drapierten Lampe.

Dann erscholl ein anderes Klingeln. Es wurde zum Essen geläutet. Fast gleichzeitig klingelte es auch ungeduldig an der Haustür. Ein Rumoren und Poltern vor der Tür verkündete die Rummelpott-Kinder, die mit rußgeschwärzten Gesichtern und in Lumpen gekleidet bettelten. Ein Sack voller Süßigkeiten stand für sie bereit, denn dies würden nicht die letzten Gäste dieser Art gewesen sein an diesem Abend. Die Gesellschaft begab sich dann wieder in die oberen Räume. Man setzte sich zu Tisch. Eine Zwergenkapelle aus Porzellan spielte die Tischmusik. Es gab Karpfen blau und satt, was ich hasste. Ich hatte mir gottlob so viele Kringel vom Tannenbaum in den Mund gestopft, dass ich keinen Hunger verspürte, was zu einer kontroversen Diskussion unter den Erwachsenen führte. „Lisi, lass das Kind doch!" „Kommt gar nicht in Frage", und so fort. Währenddessen sezierten die Tanten die Karpfenstücke, banden sich die Herren die Servietten wie Lätzchen um den Hals. Ich betrachtete die kleine Edeltanne, die mit ihren braunen Tannenzapfen und schlichten Kerzen wie aus dem Walde hereinspaziert leuchtete. Irgendwie ging dieses furchtbar ermüdende Mahl, wie ich es empfand, zu Ende. Fisch zu essen habe ich nie gelernt.

Die Gläser klangen, die Zeit rann. Großmutti sagte: „Gleich muss unser Kutscher kommen." In Windeseile wurde ich von unserem Mädchen aus dem Engelkleid befreit, die auch froh war, dass sie nun frei hatte.

Ein gutes Waschwollkleid mit Smok, passender Hose und weißen Wollstrümpfen, die nur zu Weihnachten nicht kratzten, weil ich es nicht fühlte, wurde gewählt. Die Kerzen wurden gelöscht, die Wintermäntel aus dem Schlafzimmer geholt. Alles eilte nach unten und bestieg den Landauer, um die kleine Reise zu Großmuttis Villa anzutreten. Wenn Schnee lag, wurde der Pferdeschlitten angespannt, der Kutscher knallte mit der Peitsche, die Pferde setzten sich in Bewegung und ihre Glocken läuteten weihnachtlich den Weg entlang. Ich saß zwischen den Tanten. Sie wärmten mich gut, sie haben es mein Leben lang getan, ich hatte immer drei Mütter.

Im Brunnenweg war die Auffahrt erleuchtet. Hier stand Großmuttis Mädchen in wallender, gestärkter Schürze im Eingang und begrüßte uns. Es war alles ein wenig herrschaftlicher als bei uns in der Stadt. Schon das Haus, umgeben von Tannen, Taxus und Ilex zauberte eine andere Atmosphäre. Dann die große Halle mit den Geweihen, die noch Großvater geschossen hatte, und dem furchteinflößenden, ausgestopften Wildschweinkopf. Man nahm die Garderobe ab und begab sich nochmals in ein Esszimmer. Es gab einen Fleischgang, meistens Wild, einen dicken Pudding dazu oder hinterher, meistens Apfelsinenpudding mit Gelatine, der so schön wackelte. Ich durfte bald aufstehen und sah einen elektrischen Puppenherd aus der Ferne, dem Salon, herüberblinken. Doch, schwups wurde die Tür noch mal verschlossen, der Tannenbaum erst angezündet. Die silbernen Sterne raschelten, die Wachsengel drehten sich in der Wärme. Tante Dicki sang Cornelius-Lieder, ich wurde müde.

Man ging nach nebenan ins Wohnzimmer, und es gab Punsch. Ich landete auf einem Schoß und lehnte meinen Kopf an eine warme Schulter. So fühlte ich mich geborgen. Die Herren qualmten dicke Zigarren und mussten ins Herrenzimmer ausweichen. Spätestens als ich vom Schoß rutschte, wurde ich in Großvaters Bett gebracht. Es war das weichste Bett, das ich je erlebt habe. Die Tür blieb offen. Das treue Mädchen brachte mir noch ein Zuckerei zur Beruhigung. Von unten hörte ich das alte Grammophon krächzen: „Stille Nacht …“ Die Kirchturmuhr schlug eine volle Stunde, welche wohl? Ich hatte nur bis vier gezählt und war dann weihnachtsselig eingeschlafen. „O selig, o selig ein Kind noch zu sein.“

Wenn auch diese Weihnachten ein für alle Mal vorbei sind, eben weil es eine andere Zeit war, die Zeit vor dem Krieg, die Zeit der Stille und Besinnung für mich als Kind, so leuchtet sie zurück und gibt mir all die Jahre Kraft.

Ich habe später Weihnachtsfeste in einem Raum erlebt, Weihnachtsfeste in Baracken und Krankenhäusern. Aber, weil ich diese heile Welt kennengelernt habe, sie kennenlernen durfte, glaube ich, überlebt zu haben mit heiler Seele und dadurch die Kraft zu besitzen, meinen Kindern stimmungsvolle Feste zu geben. Alles ist enger geworden, aber der Märchenwald steht noch. Wir gehen nicht mehr in den Wald zum Moossammeln, wir nehmen eine alte Lodendecke und legen sie über den eichenen Klapptisch. Die Bäume bestehen aus Zweigen, die wir in rohe, halbierte Kartoffeln stecken. Eine Sansevierie bildet den Mittelpunkt, und von da aus ergießt sich ein Staniolfluss.

Nur er ist in jedem Jahr neu, Alufolie macht's möglich. Früher mussten wir altes Schokoladenpapier, das silbern glänzte und aufbewahrt wurde, zum neuen Gebrauch bügeln.

Nur die große Krippe, die auch mein Vater gebastelt hat, ist mit den Oberammergauer Figuren bei meiner Mutter geblieben.

Wenn dereinst diese Krippe bei meinem Mann und mir stehen wird, dann haben die Kinder den Märchenwald, die Häuser und dazu hoffentlich ihre Familien. Und dann bete ich, dass es immer so weitergehen und eine heile Kindheit sich an die andere reihen möge bei allen Menschen, damit wir singen können:

„Friede auf Erden
und den Menschen ein Wohlgefallen!"

Quittenrezepte

WENN DER DUFT VON QUITTEN durch das Haus zieht, ist es Spätherbst und nicht mehr lange bis zur Adventszeit. Bis Quitten reifen, haben die Bäume schon oft die meisten Blätter verloren. Man sagt, dass sie sogar einen ersten frühen Frost vertragen.

Sind die Quitten geerntet, müssen sie sogleich verarbeitet werden. Die Grundlage für die meisten Quittenrezepte bildet das *Quittenmus.* Hierzu werden die Quitten in kaltem Wasser einzeln gebürstet, damit die behaarte Fett- und Schutzschicht verschwindet. Dann werden die Quitten in Viertel geschnitten, das Kerngehäuse entfernt, damit sich das Mus später besser durch ein Sieb streichen lässt.

Die Früchte werden in einen großen Topf gegeben, mit Wasser bedeckt und so lange weich gekocht, bis sie einen rötlichen Schimmer bekommen und die quittengelbe Farbe verlieren. Mit einer Schöpfkelle werden die weich gekochten Quitten durch eine sogenannte Flotte Lotte gerührt, es handelt sich um ein Sieb mit festem Drehgriff. Dieses Mus wird gewogen und in einen großen Kochtopf gegeben. Pfund auf Pfund kommt dann Zucker hinzu. Auf der Flamme wird die Masse so lange gekocht, bis sie rot und glänzend geworden ist. Es ist unumgänglich, diesen Brei stetig umzurühren, da er sonst leicht anbrennt. Zuletzt beginnt das Mus gefährlich zu spritzen. Dagegen muss man sich schützen, indem man z. B. ein Handtuch um den Rührarm wickelt. Diese letzte Rührphase dauert aber nicht lange. – Zur Probe, ob die *Marmelade,* denn zu dieser Köstlichkeit hat sich die Masse entwickelt, gut ist, geben wir einen Klacks auf einen Teller zum Erkalten. Ist die Marmelade fest geworden, nehmen wir sie vom Feuer und füllen sie wie üblich heiß in Gläser. Oder für

Quittenbrot streichen wir die Masse auf ein Tablett oder ein Backblech, auf das wir zuvor Pergamentpapier gelegt haben, messerdick, ca. 1–1½ cm. Zum Trocknen stellen wir das Tablett sehr hoch und vergessen es. Erst zum 1. Advent wird es heruntergeholt und in 2 x 2 cm große Quadrate geschnitten, die früher in Zucker gewendet wurden. Heute schmeckt uns das Konfekt besser ohne die Umzuckerung.

Quittenwürste: Wer noch einen Fleischwolf hat, nehme den zur Hand. Als Vorsatzdüse nimmt man die Tülle, die für die Schlachterei, das Wurstmachen, verwendet wurde. Man kauft dünne Würstchendärme. Diese stülpt man auf die Tülle und dreht nun die Masse durch die Maschine. Die Würstchen werden alle 7–10 cm abgebunden und zum Trocknen aufgehängt. Zum 1. Advent (nachdem man die Haut entfernt hat) kann man die Quittenwürste als Delikatesse auf den bunten Teller legen. Ein Genuss!

Quittengelee: Dieses entsteht sozusagen als Abfallprodukt von der Musbereitung. Mag man aber das Mus oder die Marmelade nicht so gern und zieht das feinere Gelee vor, so muss man die vorbereiteten Quitten mit etwas Wasser bedecken und kochen lassen, bis das Wasser die dunkle Quittenfarbe angenommen hat. Danach gießt man alles durch ein Haarsieb und kocht das Gelee nach der Opekta- oder Gelierzucker- oder Gelfix-Methode, wie angegeben. Das Innere einer Vanilleschote verfeinert den Geschmack.

Quittenkompott: Nach dem Waschen und Bürsten der Quitten werden sie geschält und das Kernhaus entfernt. Die Schalen werden in einen großen Topf gegeben, mit Wasser übergossen und so lange gekocht, bis sie Farbe angenommen haben. Darauf legt man die Quitten und lässt sie ebenfalls so lange köcheln, bis sie rötlich und gar sind. Man nimmt sie mit einer Schaumkelle ab und seiht das Quittenwasser durch, das man mit Zucker nochmals aufkocht. Dann kommen die Quittenstücke hinein, nochmals aufwellen lassen und in Weckgläser füllen – oder sogleich abgekühlt zu Vanille- oder Grießpudding reichen. Mühsam und lecker.

Quittensaft: Wenn wir versuchen, die Quitten durch den Entsafter zu geben, so bekommen wir sehr hellen Saft, die Quitten werden nicht genug ausgenutzt. So verfahre man für den dunklen, roten, ergiebigen Saft wie beim Quittenkompott, setze nur mehr Wasser zu.

Quittenzeltle: Drei Eiweiß werden zu Schnee geschlagen, ein halbes Pfund Zucker wird darunter geschlagen, bis die Masse steif ist. Drei Esslöffel Quittenmus dazugeben, wieder schlagen. Dann setzt man die Masse als Zelte mit einem Teelöffel nebeneinander auf ein mit Pergamentpapier bedecktes Tablett und lässt sie trocknen.

Christfest der Tannen

In einem dunklen Tannenwald
da standen viele Tannen, alt.
Die Jugendträume war'n geschwunden,
ganz hatten sie das nie verwunden.

Weihnachten hatten sie sich schön gemacht,
nun war'n sie vergessen, um sie war Nacht.
Kein Silberschimmer erhellte ihr Leben,
das sie für das Fest so gern gegeben,

für bunte Lichter, Kugeln, Bälle:
wie wär' es dann in ihnen helle,
behangen ganz mit bunten Sachen,
beseligt ganz vom Kinderlachen.

Dies kannten die einsamen Tannen nicht.
Die Zweige waren gekrümmt von der Gicht. –
Sie schauten nicht auf die kleine Rute,
die sich streckte mit großem Mute,

und weil so lange niemand sie beacht',
hat das Christkind den Himmel aufgemacht.
Ein heller Sonnenstrahl schoss in den Wald.
Die Tannen erschraken, was sahen sie bald?

Die Rute stand, in Silber getaucht,
sie strahlte! Ihr Glanz blieb unverbraucht.
Es wuchs eine Silberpappel aus ihr. –
Die Tannen haben ihr Christfest – wie wir!

1967

Ihr Menschen

Ihr Menschen, gehetzt im Großstadtlärm,
ihr Menschen, horcht in der Fern,
was sich für die Heilige Nacht
zu euch auf den Weg gemacht!
Öffnet Herzen und Ohren weit,
denn es ist adventliche Zeit.

Ihr Menschen, versponnen im Alltagskram,
ihr Menschen, seid nicht so gram!
Denkt nicht nur von heute auf morgen
und immerzu: Was muss ich besorgen?
Bleibt einen Augenblick stille stehn,
um das Licht des Advents zu sehn.

Ihr Menschen, gefangen in Dunkel und Leid,
ihr Menschen, kommt und macht euch bereit,
die Heil'ge Nacht ist nicht mehr fern.
Seht ihr den weithin leuchtenden Stern?
Folget seinem Lichte und knieet dann,
das Kindlein wird euch segnen – o betet an!

1967

Zuversicht

Seht, wie die Birken am Morgen glänzen,
der Winter kommt. Advent steht vor der Tür.
Lass, o Mensch, dein Wesen sich ergänzen,
halt still, blick fort von dir.

Lass die Elemente um dich rauschen,
sei mal allein, versuch zu beten!
Jetzt ist die Zeit, da uns die Engel lauschen,
und wir ganz neu vor Gottes Altar treten.

Wir müssen uns erneuern lassen.
Das Alte, Schwere bleibt Vergangenheit.
Gott wird mit Seinem Sohn uns überraschen,
Der schenkt uns Zuversicht, Zufriedenheit.

1968

Bekennen

Wir wissen, dass es immer schwerer wird,
in dieser Zeit an Gottes Sohn zu glauben,
daran, dass Er der gute Hirt',
dies alles woll'n uns viele rauben.

Schwer ist es, gegen den Strom zu schwimmen,
das Leben nach Jesus auszurichten
und weiterhin Gott Lob zu singen,
in Seinem Namen Streit zu schlichten.

In diesen heiligen Tagen des Advents,
wo überall die Lichter brennen,
da ist es not, dass ihr bekennt
und mutig Seinen Namen nennt!

So lasst uns um die Gnade beten,
zu glauben wie die Kindelein.
Lasst uns vertrauensvoll vor Gott hin treten,
damit uns – hält der Krippe Schein.

1969

Erschrecken

Es erschreckt mich, wie viele Menschen
aus der Kirche austreten,
ans Geld nur denken
und nicht mehr beten.

Der Glaube schwebt im leeren Raum;
denn ohne Halt
sieht man ihn kaum,
und er verliert die Gestalt.

Doch Weihnacht wird es wieder,
Gott sendet Sein Kind.
Wir singen die alten Lieder
von der Krippe, vom Rind.

Ein wenig mehr Inhalt täte uns not
und wieder mehr Muße
und nicht nur Brot,
sondern auch Buße.

1970

Geduld

In diesem Jahr denk nicht an draußen
und an die ganze große Welt,
wie sie sich gibt und außen
ihr Glück sucht, statt im eignen Zelt.

Auf Gottes Wort hört ja die Masse nicht,
drum geh ins Kämmerlein nach all dem Treiben,
und wenn dich auch der Alltag zugericht',
so lass das Mit-den-andern-Laufen bleiben.

Schau nicht jeden Abend ins Ti-Vi,
lies mal ein Buch, schreib einen Brief,
sonst lernst und siehst am End' du nie,
wie reich das Leben und wie tief.

Dann wird auch Gott dir näherkommen,
und du begreifst erneut das Weihnachtsfest,
und dir ist nicht so eng, beklommen,
und all der Trubel gibt dir nicht den Rest.

Du hast Geduld mit diesem alten Brauch,
mit der Umgebung und den alten Weisen;
am Ende brauchst du sie dann auch
und gehst erfüllt ein weit'res Jahr auf Reisen.

1971

Der Brassen

Es KÖNNTE SEIN, dass ich vergesse zu schreiben, was ein Brassen ist. Denn wenn ich, wie ich mich kenne, so richtig beim Erzählen bin, kann ich nicht mehr erklären, ob es sich um etwas zum Anfassen, etwas zum Essen, etwas Unangenehmes oder Gefährliches handelt. So schreibe ich zu Beginn: Der Brassen ist ein Fisch, ähnlich wie ein Karpfen, also ein Süßwasserfisch, den man besonders in den Gewässern der Holsteinischen Schweiz und in Ostholstein findet. Zwar ist sein Name nicht so berühmt wie der seines großen Bruders. Er ist flacher und gröber, also ein Stiefbruder, vielleicht sogar ein unehelicher Stiefbruder des uns in der Weihnachtszeit so zu Feststimmung verhelfenden Karpfen.

Aber in einer Zeit, in der es überhaupt nichts zu essen gibt, ist ein Brassen nicht nur etwas Besonderes, er ist eine Gabe Gottes.

Zu der Geschichte, die ich nun erzählen möchte, gehört noch, dass man weiß, was ein Fahrschüler ist. Heute gibt es diese Spezies von Schülern nur noch selten – und man darf sie keinesfalls mit autobesessenen Jugendlichen, die ihre Fahrerlaubnis erlangen wollen, verwechseln. – Damals im Kriege gab es wenig Schulen, die nicht bombengefährdet waren, so dass man, wenn man nicht mit auf die Kinderlandverschickung ging, lange fahren musste – und das auch schon als Sextaner –, um eine Bildungsstätte zu erreichen. Ich wohnte in Preetz. Die nächste Schule gab es für mich in Eutin. Also hatte ich mit vielen anderen Schülern jeden Morgen das große Treffen auf dem Bahnhof. Wir stürmten den Zug voller Elan und wunderten uns nicht mehr, wenn der Zug bei jeder Milchkanne hielt: Kühren, Wahlstorf, Ascheberg, Plön, Timmdorf, Malente, ... Eutin. Den kurzen Weg vom Bahnhof ging es schnell hinauf, dann bogen wir in die Plöner Straße ein und erreichten schnell die Carl-Maria-von-Weber-Schule. Zurück war es eine ebenso lange Strecke, nur dass wir dann keine Schularbeiten mehr machten, sondern Skat spielten oder 17 und 4, was wir von den Soldaten gelernt hatten, die in Plön ausstiegen und in die Kaserne nach Ruhleben wollten. Es störte uns nicht, dass die Züge überfüllt waren. Oft machten wir es uns im Gepäcknetz gemütlich.

Eine abenteuerliche Zeit! Wir sahen selten zum Fenster hinaus, dabei durchfuhren wir die schönste Strecke, die man sich denken kann: Wälder, Seen, Katen, Bauernhöfe, Felder, Wiesen, Tiere, Farben. Als ich am 13. Dezember des Jahres 1942 erwachte, war es schon hell. Nachts war Alarm gewesen. Da hatten meine Eltern beschlossen, mich erst mit dem zweiten Zug zur Schule fahren zu lassen, zumal mein Vater Geburtstag hatte. Zwei Jahre vorher war er in Polen und Frankreich gewesen. Nun hatten wir ihn zu Hause. Ich hängte die alte Weihnachtsuhr auf, die immer am 13. Dezember beginnt, und las: „Bald kommt die

Wir stürmten den Zug voller Elan und wunderten uns nicht mehr, wenn der Zug bei jeder Milchkanne hielt.

schöne Weihnachtszeit, / worauf die ganze Welt sich freut.“ Die Welt lag im Krieg; ich war ein Kind, 12 Jahre alt, und freute mich auf die kommende Zeit. Besonders auf den heutigen Tag. Es hatte nach Kaffeesatzkuchen gerochen. Ich hatte meine Laubsägearbeit fertig. Die Bescherung verlief wie eine kleine Feier.

Dann eilte ich zum Bahnhof.

Im Zug bekam ich einen Fensterplatz und schaute hinaus. Ich fühlte mich leicht, glücklich und dankbar. So zog ich die Knie bis unter das Kinn, stellte meine Füße auf die Heizung, die mich rasch erwärmte, und gewahrte zum ersten Mal die Landschaft, durch die ich fuhr. Es war ein klarer, nicht zu kalter Frosttag, der Raureif hing noch an den Ästen, die Wälder schienen wie verzuckert. Eine Märchenlandschaft! Hier und dort stieg der Rauch steil in den Himmel, es gab vereinzelte Sterne. Zum ersten Mal fuhr ich die Sinuskurve der Strecke bewusst. Erst am Lankersee vorbei, gen Süden.

Hinter Ascheberg beginnt dann die große Wasserfahrt zwischen dem Großen und dem Kleinen Plöner See hindurch. Ich setzte mich auf die andere Seite, um in Plön vom Bahnhof aus die glitzernde Wasserfläche besser in mich aufzunehmen. Behler See, Dieksee, Kellersee. Ich staunte. Stehend ließ ich mich weitertragen. Mir war, als hätte ich ein großes Erlebnis gehabt; mir war so feierlich.

„Eutin! “, ein Ruck. – Ich hatte es eilig. Die dritte Stunde hatte soeben begonnen. Ida Laetitia las aus dem „Untergang der TITANIC“.

Wie grausam das Eis sein konnte, mich fröstelte. Gottlob war bald Pause. Ich war noch wie benommen, als Annemie Boeck (ihre Mutter war eine Cousine meines Vaters, und sie kam immer mit dem Bummelzug Hein Lütjenburg aus Stöfs), mich auf die Schulter tippte: „Dein Vater hat doch heute Geburtstag. Einen schönen Gruß von meiner Mutter, sie schickt ihm einen Brassen.“ Damit drückte sie mir ein grünes, filiertes Netz in die Hand. Mein Arm sank herunter. „Au, ist der schwer“, war meine überraschte Antwort.

Ich konnte mich nicht einmal bedanken. Annemie hatte sich schon aus dem Staub gemacht und war im Pausentrubel verschwunden. – Ich packte das Präsent mit einigem Widerwillen unter meine Bank. Fisch war mir schon immer ein Gräuel gewesen. Nicht einmal den Weihnachtskarpfen brauchte ich mehr zu essen, nachdem ich mich einmal übergeben hatte. Aber ich dachte an meinen Vater, für ihn war ich bereit, diesen

Fisch bis an den Nordpol zu tragen. Das versprach ich in einem Stoßgebet.

In der Turnstunde wurde mir wieder warm. Wenn Fricka in ihren ausgebeulten Trainingshosen, sie war damals gewiss schon an die 70 Jahre alt, mit kräftiger Stimme befahl: „Einszweidrei, zweizweidrei, dreizweidrei, vier“, dann schwangen die Keulen im Takt, und die Schule war an diesem Tag bald vorbei.

Plötzlich heulten die Sirenen, Alarm. Wir stoben auseinander, huschten in die Kleider. Ich warf den Brassen über die Schulter, dann ging es zum Bahnhof. Im Bahnhofshotel fanden wir im Keller noch eine Weile Unterschlupf. Dann kam der Zug tatsächlich. Wir stürmten in die Abteile. Ich warf den Brassen unter meinen Sitz. Für Eutin kam die Entwarnung. Nun waren wir wieder froh und seufzten erleichtert auf. Es ging nach Hause. Zwar war es schon 15 Uhr geworden. Doch was machte das? – Wir waren ungeheuer albern, so wie man leicht sein kann, wenn eine große Anspannung von einem genommen ist ...

Als wir aus dem Fenster sahen, waren wir schon in Plön. Nur noch drei Stationen, dachte ich, das ist bald geschafft. Wir hielten in Ascheberg. Wir redeten weiter. Es geschah nichts. Wir sahen wieder aus dem Fenster. – Der Zug nach Neumünster, der sonst immer sogleich nach unserer Ankunft aus dem Bahnhof pustete, stand noch dort. Worauf wartete er? So standen wir eine Stunde. Gerüchte wuchsen. In Kiel sei alles zerstört, auch anderswo seien viele Bomben gefallen. Entwarnung sei dort noch nicht gekommen.

Ich betrachtete meinen Brassen, den ich jetzt zwischen die Beine geklemmt hatte. Das Zeitungspapier, in das er gehüllt war, begann zu rutschen. Anfassen würde ich ihn nie und nimmer, dachte ich und sah nicht mehr hin. Wir begannen nun zu spielen: 18, 20, 2, 3, passe. Einer hatte den Skat zu früh aufgenommen, man musste wieder mischen. Ein anderer sagte: „Ich spiele Grand ohne."

Der Geruch des Fisches stieg in meine Nase. Ich verlor haushoch. Ich sagte: „Der Fisch stinkt." „Wir riechen nichts", war die Antwort. „Du spinnst, bist nur nervös, weil du verloren hast." – „Ich will nach Hause, mein Vater hat Geburtstag, ich muss immer an ihn denken", piepste ich, dem Weinen nah. Die Karten ruhten. Alle wollten nach Hause, inzwischen war es 16 Uhr, es wurde dunkel. Was sollte werden?

Plötzlich ertönte eine laute Stimme. Der Bahnhofsvorsteher rief mit einer Sprechtüte: „Alle, die nach Kiel reisen wollen, fahren über Neumünster nach Kiel." Umsteigen! „Dieser Zug über Wahlstorf, Kühren, Preetz, Raisdorf, Elmschenhagen fährt nicht weiter!" –

Was sollten wir in Neumünster, was sollten wir in Kiel? Verzweiflung wollte sich breitmachen. Wir rührten uns nicht. – Der Brassen war zwischen den Beinen verrutscht. Er stank bestialisch. Ich glaubte zu ersticken. „Ich muss an die Luft", rief ich, ich muss laufen. „Laufen, ja, wir laufen, es ist nicht weit bis Wahlstorf, bis Kühren, bis Preetz." „Es ist noch nicht Nacht, wir können noch sehen, wir gehen an den Gleisen entlang. Wir sind nicht allein." So hörte ich es von überallher.

Die Schüler waren alle in unser Abteil gekommen. Es formierte sich wie von selbst ein Schülertreck. Die großen Jungen – 16-, 17-jährig, sie waren noch nicht als Flakhelfer eingezogen worden – zählten alle durch. Wir waren 16 Kinder. Husch fielen wir auf der anderen Gleisseite vorsichtig aus dem Zug. Nochmals durchzählen, dann folgten wir einander, irgendjemand ging voran.

Nur eine kurze Sekunde hatte ich den fatalen Gedanken, den Brassen seinem Schicksal zu überlassen, ihn einfach zu vergessen. Aber, da ich ihn nicht vergaß, nahm ich ihn mit. Ich schleifte ihn hinter mir her. Zunächst ging es über die Gleise, leise, leise über die Gleise. Wir wurden nicht bemerkt. Straßen fanden wir keine, sie waren zu weit fort. Aber parallel der Gleise war der Weg sicher. Einem Gerücht zufolge war die Strecke bis Preetz nicht von Bomben getroffen. So hielten wir uns manchmal auch auf den Gleisen auf, sprangen von Balken zu Balken, von Bohle zu Bohle. Ich hatte den Brassen über die Schulter geworfen. Dort schien er mir erträglicher, auch sein Geruch verflüchtigte sich zunächst. Eigentlich war es nicht so weit, nur 16 Kilometer. Weniger als die Hälfte unseres Schulweges. Da wir alle keine Vorstellung von 16 Kilometern hatten, fanden wir die ganze Sache spannend. Froh, nach Hause zu kommen und nicht in Neumünster oder Kiel zu sitzen, schritten wir munter weiter. Es dämmerte. Wir konnten den Weg erkennen. Der Himmel war klar wie am Morgen, die ersten Sterne kamen, es ging auf 18 Uhr, wurde dunkler und dunkler. Wenn auch die Augen sich gewöhnt hatten, sah man den vordersten Jungen nicht. Ein Sextaner weinte vor sich hin. Da nahm ihn ein großer Junge auf die Schultern. Einer blieb stehen, wollte den Schluss bilden. Als ich ihn passierte, denn ich begann schon langsamer als die anderen zu gehen, auch schleppte ich etwas vornübergebeugt den Brassen auf dem Rücken, hörte ich ihn fragen: „Was trägst du denn da für ein komisches Paket überm Nacken?“ Und als er die Nase etwas näher an den Brassen senkte, fuhr er zurück. „Aber das riecht ja erbärmlich!“ „Es ist ein Brassen. Er ist für meinen Vater, der heute Geburtstag hat.“ „Du bist verrückt, wirf das Vieh fort, es beschwert dich nur, wir müssen noch lange gehen.“ Damit wollte er mir den Brassen von der Schulter nehmen und ihn im hohen Bogen in die Büsche werfen. Ich wehrte mich: „Nein, lass, es ist mein Brassen, er stinkt nicht – und ich liebe ihn!“ – Ich meinte natürlich, dass ich meinen Vater lieben würde –, aber wozu das erklären. Ich hatte keine Puste mehr. Ich begriff auch nicht, dass der Junge es gut mit mir meinte. Ich trottete weiter. Meine Hände schmerzten. Immer öfter wechselte ich eine Schulter mit der anderen. Nein, trennen würde ich mich von dem Fisch nicht mehr. Wir wollten dann beide sterben. Dass der Fisch schon tot war, vergaß ich. Er wurde immer lebendiger. Zuerst schmerzten meine Füße sehr, ich meinte, nicht mehr weiterzukönnen. Ich wollte mich hinwerfen, ich konnte mich nicht mehr quälen, als ich mich beim Gehen quälte. Irgendwann hatte ich den Punkt überwunden, überhaupt noch etwas zu spüren.

Schon waren die Sterne hell zu sehen. Wie durch eine Schneise trotteten wir auf den Schienen, wir schleppten uns mehr und mehr. „Nicht stehen bleiben!“, riefen die großen Jungen, die uns antrieben und ermunterten. Wir kamen durch den tiefen Buchenwald, erspähten in einem Bahnwärterhäuschen schwaches Licht. War es schon Kühren?

Der Brassen hatte sich durch die Reibung ganz aus dem Zeitungspapier gelöst. Ich spürte seine glatten Schuppen auf meinem Rücken. Und als ich ihn nach vorne nahm, um die Schultern zu vertauschen, sah ich seine gewölbten Lippen, sein Maul, das wie beim Karpfen sehr friedlich aussah. Seine Augen glänzten. Und wie bei Hemingway im „Alten Mann und das Meer“ begann der Fisch für mich zum Partner zu werden. Ich flüsterte ihm zu: „Es ist nicht mehr weit. Vati freut sich so auf dich. Weißt du, es ist gut, dass ich dich mitgenommen habe, ich bin nun nicht allein. Es ist so kalt.“ Füße hatte ich keine mehr. Mein Atem dampfte, mein Kopf war glühend, ich fieberte, ich fühlte nichts. Auch war ich nicht unglücklich. Es kam der Augenblick, in dem ich an keine Realität mehr glaubte. Dies alles konnte nicht wahr sein. Und dann musste ich wohl gestolpert sein, hingefallen, zurückgeblieben. Ich spürte nur, mir schien es nach Jahren, dass ich geschüttelt wurde. Zwei Jungen hoben mich auf. Instinktiv drückte ich den Brassen an mein Herz. „Schmeiß das Stinktier fort, dann tragen wir dich“, riefen sie über mir.

Plötzlich war ich hellwach, wie ausgeschlafen. Ich antwortete: „Danke, ich gehe allein, der Fisch bleibt bei mir." Sie ließen mich los, zerrten mich, bis wir die wartenden, murrenden anderen erreicht hatten, und dann setzte sich der müde Treck wieder in Bewegung. Auf einmal wurde es hell. Der Mond hatte sich aus dem Wald gelöst, war über den See gestiegen, eine scharfe, zunehmende Sichel nur, aber sie spiegelte sich im Lankersee, der eisig glänzend so warm leuchtete, dass ich dieses Bild nie vergessen werde. Langsam stieg eine Möweninsel aus dem See empor. Nun konnten wir nicht mehr weit sein, hier ruderten und paddelten wir im Sommer, wir kannten das Schilf genau, die geheimen Ecken. Einen Moment lang sah ich den strahlenden Morgen vor meinen Augen und nun die Schönheit der beginnenden Nacht.

Und da roch ich auch wieder den Fisch – bis jemand das erste Licht der Stadt Preetz zu entdecken meinte. Aber das war auch nur ein Stern. Denn die Verdunkelung verbot irgendeine Helligkeit und sei es auch nur die einer Ritze. Jetzt hatte es die anderen erwischt. Sie waren im Sinn schon vereist. Ich dachte nur: „Vati, ich bringe dir etwas Schönes mit, etwas zu essen." Das hielt mich an, weiterzumachen.

Wir kamen alle nach Hause. Ich taumelte den Rest des Weges durch die kleine Stadt. Und als ich vor der Haustür geklingelt hatte, sank ich zusammen. Sie trugen mich, verstört, verwundert, verängstigt und froh die Treppe hinauf.

Ich taumelte den Rest des Weges
durch die kleine Stadt.
Und als ich vor der Haustür
geklingelt hatte,
sank ich zusammen.

„Du bist da, mein Kind!“ Mein Vater nahm mich in die Arme. „Was ist das?“, fragte er und deutete auf meinen Brassen.

„Ein Geschenk von Tante Toussy, es ist ein Brassen.“ – „Warum hast du ihn nicht fortgeworfen und dich damit so abgeschleppt?“, fügte meine Mutter hinzu.

„Aber ich liebe ihn doch“, schluchzte ich, und dann hörte ich nicht mehr auf, bis man mich ins Bett brachte. Mein Vater beugte sich noch einmal über mich, und an seinem unbeschreiblichen Lächeln konnte ich erkennen, dass er mich verstanden hatte.

Karpfenrezepte

WELCH EINE FREUDE war es für mich als Kind, wenn der Fischer den Karpfen brachte. Besonders im Krieg aber bekamen wir den Karpfen schon acht bis zehn Tage vor dem Fest und mussten ihn in unserer Badewanne hüten. Jeden Morgen, wenn ich aufstand, begrüßte ich zuerst den Karpfen und sprach mit ihm, während ich meine Toilette machte, wie man damals sagte; was bedeutet: die Zähne putzen etc. Kam ich aus der Schule, war mein erster Weg zu ihm. Ich versuchte, ihn mit Brotkrumen zu füttern. Auffallend war, dass der Karpfen, je länger er in unserer Badewanne schwamm, desto heller wurde. Er passte sich an, machte Mimikry, legte die Schutztracht wehrloser Tiere an, wie ich später im Biologieunterricht lernte, ahmte in der Färbung seine Umgebung nach.

Nun, in der Badewanne konnte er sich nicht verstecken. Wenn es dunkel war, wir hereinkamen und Licht machten, erschrak er sich. Groß war die Trauer an dem Tag, an dem der Karpfen aus der Wanne geholt wurde. Zuerst ließ man das Wasser ab, bis er auf dem Boden der Wanne zappelte. Dann fing man ihn mit nassen Handtüchern. In die Küche ging es, ein Schlag auf den Kopf betäubte ihn, ein Stich hinter die Kiemen – dann musste er ausbluten.

Das sehen wir heute nicht mehr. Die Kinder kaufen am Weihnachtsmorgen den Karpfen gleich in Portionsstücken. Die Köpfe spielen bei unseren alten Damen eine besondere Rolle; genüsslich werden die Augen ausgelutscht. Einige Schuppen legen wir stets auf die Fensterbank zum Trocknen. Jeder bekommt eine Schuppe in sein Portemonnaie – das garantiert ihm, dass dies immer gefüllt ist im kommenden Jahr.

Ein großer Topf mit Wasser wird zum Kochen gebracht. Das Wasser muss sehr versalzen schmecken, dann ist es richtig. Zuerst die Köpfe hinein, sie müssen zehn Minuten länger ziehen, dann die Mittelstücke, die Schwanzstücke; zwanzig Minuten ziehen lassen. Mit einer Schaumkelle werden sie aus dem Wasser geholt und auf eine Platte gelegt, auf der eine frische Serviette die Nässe auffängt und die Stücke vom Rutschen abhält. Geriebener Meerrettich, Schlagsahne, zerlassene Butter und Salzkartoffeln gehören zu diesem Festessen. Man nennt diese Art der Zubereitung: Karpfen blau. Mary Hahns Kochbuch, das schon meine Mutter und Großmutter benutzten, empfiehlt noch:

Paprikakarpfen; Karpfen in Bier; gebackener Karpfen; Plötze, eine Karpfenart – so wie der *Brassen ...*

Verändertes Schenken

Früher hatte Schenken
mit Liebe,
mit Entsagung
zu tun.

Dann kamen Jahre,
da war das Schenken
mit Zeiteinsatz,
Gedankenreichtum
verbunden.

Schließlich sackte
das Schenken ab.
Bequemlichkeit,
durch Geld erkauft,
genügt heute.

Ein Bettler hätte gern
seinen letzten Knopf,
seinen letzten Schnaps
um des Schenken-
Dürfens gegeben!

Wie arm sind
wir geworden,
da es kaum noch
Bettler gibt!

1971

Verzeihung I

Das Laub ist von allen Rasen gefegt.
Das Jahr schon seinem Ende zugeht,
und auf den Straßen glitzert es wieder.
Was fällt auf uns nieder?

Den Gedanken an Weihnacht in diesen Tagen,
wer kann ihn ertragen?
Der Gedanke an Frieden in dieser Zeit,
wie ist er weit! –

Doch unaufhaltsam zwingt uns das Licht,
die Kerzen scheinen ins Angesicht,
die Kinder wollen Geschenke haben
und sich an Knuspersachen laben.

Man kann diesen Tagen nur Inhalt geben,
wenn man sich besinnt auf das Leben.
Wenn man sich besinnt auf Gott,
denn Weihnacht ist not.

Einmal im Jahr um Verzeihung bitten,
was einen Sprung hat, versuchen zu kitten.
Einmal ganz demütig sein –
damit uns erreiche der göttliche Schein.

1972

Verzeihung II

Miteinander zu leben in dieser Zeit,
die Hektik ertragen und ohne Streit
wandeln durch die Tage.
Wie mache ich das – ist die Frage.

Denn jeder eilt von Termin zu Termin,
wer denkt noch an Ihn?
Doch nun, da es Weihnacht werden will,
wend' dich nach innen, sei still

und höre, was Er hat zu sagen,
dann brauchst du nicht mehr zu fragen.
Auf einmal löst sich das Aufgestaute,
die Wut auf andere, das Unverdaute.

Du wirst wieder reich und wieder bereit
zurückzustecken, es schwindet der Streit.
Dein Herz wird mit Wärme erfüllt;
dein ganzes Leben sich erhellt.

1972

Krippenlicht

Von der Krippe scheint wieder das Licht,
doch die meisten sehen es nicht.
Denn es ist kein Neongleißen!
Was soll es uns schon verheißen?

Geblendet gehen die Menschen dahin
und sehen in Gott niemals den Sinn.
Doch wenn es ans Abschiednehmen geht,
nichts mehr besteht.

Denn es gibt ein Zuspät,
auch wenn du gesät.
Und es gibt ein Niemehr,
und es schmerzen Enttäuschungen sehr.

Wenn du das erkannt in diesem Jahr,
dann weißt du: Es wird nicht mehr, wie's war. –
Wärm dich am Krippenlicht!
Wende nicht ab dein Gesicht!

Und ganz durchdrungen von der Wärme
siehst du alsbald die Weihnachtssterne,
siehst du den anderen und bist bereit,
zu teilen seine Einsamkeit.

1973

Glocken

Wenn uns nun die Weihnachtsglocken
zum Kaufen und zum Packen locken,
wollen wir uns wieder besinnen,
mit dem Horchen nach innen beginnen.

Allzu große Hektik kann nur schaden;
manchmal hängt unser Sein an einem Faden.
Wir leben im Stress, im Einerlei,
und dann ist auf einmal alles vorbei ...

Oder wir sind alt und verlassen,
können die Veränderung nicht fassen.
Doch meistern wir alles, wenn wir geben
und Gott in unsern Alltag nehmen.

Er kennt uns genau, auch in den Tiefen;
Er weiß, wo wir wachten, wo wir schliefen,
Ob wir am Wesentlichen vorbeigehandelt
oder zum Guten uns haben gewandelt.

Wo sich Missverständnis und Angst einschleichen,
vorm Weihnachtslicht wird alles weichen,
was uns bedrückt und was uns quält.
Nur die Kraft der Liebe zählt.

1974

Freundschaft

Das Jahr gleitet uns aus der Hand;
es war gefüllt bis an den Rand,
es hat Erfolge gegeben, Mühen.
Wie sollen wir nun weiterziehen?

Immer vorwärts von Tag zu Tag!
Mehr man ja nicht zu leisten vermag.
Doch zwischen diesem Hetzen, Rennen,
da gibt's ein Hoffen, ein Erkennen

von Freundschaft und von Idealen.
Da werden erträglich die Qualen,
die der Mensch dem Menschen schuf,
dann ergeht an uns der Ruf:

Gib mehr Raum den kleinen Dingen,
die leis' in unserm Alltag schwingen!
Horch auf deine innere Stimme,
dass dir der Himmelston erklinge!

Ist es auch nur zur Weihnachtszeit,
wo man still wird und bereit;
vielleicht kann dieser Ton uns prägen,
uns werden im nächsten Jahr zum Segen?

1975

Vertrauen

Immer dunkler werden nun die Tage,
vieles verging, doch manche Frage,
mancher Wunsch ist immer noch offen.
Lasst uns in den Weihnachtstagen hoffen!

Der Sommer war lang in diesem Jahr;
die Glut brachte Freude und Gefahr.
Wir haben fremde Länder gesehen;
Menschen getroffen, die uns verstehen.

Wir haben auch uns're Grenzen erlebt
und tief im Herzen schmerzhaft gebebt.
Das Leben ist uns sinnlos erschienen –
wofür sollst du schaffen, wofür dienen?

Du wolltest dein Leben selber bestimmen?
Nichts erkennst du ohne Horchen nach innen!
Erst, wenn du begriffen, dass du nur liebst,
wenn du ohne Vorbehalte dich gibst.

Dann hast du den Weihnachtsgedanken erfasst.
Alle Unbill ist allmählich verblasst,
du wirst dankbar in die Zukunft schauen,
du findest Wärme, findest Vertrauen.

1976

Die vier Kerzen

SCHON ALS KLEINES MÄDCHEN hatte ich eine Vorliebe für Kerzen. Man muss wissen, dass schon Krieg war, als ich begann, Kerzen zu sammeln. Meistens waren es kleine, verschiedenfarbige. Die allerliebsten jedoch waren die, die Herzen und Sterne darauf appliziert hatten. Sie sahen aus wie Geburtstagskerzen, festlich vielversprechend. Dann bekam ich einmal von einer alten Dame ein schwarzes, japanisches Lackschränkchen geschenkt. Es hatte drei kleine Schubladen und Flügeltüren und war überall verziert mit Perlmuttintarsien und schmalen Goldmetallbändern. Das Wichtigste aber war ein kleiner silberner Schlüssel, der die Geheimnisse, die man dort verstecken würde, bewahrte. Ich sammelte noch keine Liebesbriefe, keine geheimen Andenken. So hatte ich zuerst keine Verwendung für das Schränkchen.

Eines Tages kam mir eine Idee. Dorthinein bette ich die Kerzen, meine Lieblinge! Sie bekamen eine seidene Unterlage und wurden sehr oft herausgeholt und bestaunt, angefasst – und wieder zurückgelegt. So war es auch in der Weihnachtszeit. Trotz des Krieges und der Kerzenknappheit konnte ich mich nicht entschließen, meine bunten Freunde zu opfern.

Dann schlugen die Wogen über uns zusammen. Das Kriegsgeschehen kam näher. Mein Vater wurde verschleppt. Er kam in Gefangenschaft. Zwei Weihnachten hatten wir keine Anschrift von ihm. In jedem Jahr schloss ich das Schränkchen auf, schaute die Kerzen an; Tränen fielen auf sie, und die Sehnsucht nach meinem Vater wurde groß.

Auch ich wurde groß. Ich wurde ein Backfisch, wie man damals sagte. Als mein Vater fortging, war ich noch ein Kind. – Jetzt hatte ich meine erste zarte Liebe. Ich glaube, dass sie so zart war, wie man es sich heute kaum denken kann. – Natürlich erzählte ich meinem Freund von meinem Vater – er war ja mein Hauptanliegen.

Als das dritte Kriegs-Weihnachtsfest herankam, wussten wir, dass mein Vater im Westen in einem Gefangenenlager war. Endlich eine Adresse, endlich die Möglichkeit, Pakete zu schicken.

Ich zeigte Dieter meine Kerzen und beschloss, sie nun zu geben, nicht zu opfern. Da dieser sehr geschickt war, versah er die Kerzen mit einer Art Nagel, so dass man sie auf einen Adventskranz stecken konnte. Wir sägten einen Stern aus Sperrholz aus, malten ihn rot an, bastelten ein Gestell und banden einen Adventskranz aus Taxus, den wir aus dem Garten geholt hatten. Mit anderen leckeren Dingen: ein wenig Speck, einem Tütchen Zucker, einem herrlichen Kuchen aus Kaffeesatz und Marmelade fuhren meine Kerzen ins Ungewisse.

Und sie erreichten meinen Vater. Schon das war wie ein Wunder. Als mein Vater dann wieder nach Hause kam, war Sommer, es war heiß. Vielleicht erinnern noch manche unter uns das Jahr 1947. Mein Vater hatte wenig Gepäck. Auch war er sehr krank. Als mein Vater dann seine wenigen Habseligkeiten ausgebreitet hatte, waren auf einmal meine vier Kerzen wieder da. Bewegt sagte er: „Ich konnte sie nicht anzünden. Ich musste sie behalten, denn sie waren für mich jeden Tag wie deine ganze Kindheit vor meiner Seele ausgebreitet. Sie gaben mir Halt, sie zeigten mir, dass unser Haus noch steht, dass es euch gibt und dass ihr auf mich warten würdet." Dies waren wirklich Kerzen, die in der Dunkelheit leuchteten, ohne zu brennen. Ein heiliges Feuer glomm in ihnen. Sie waren Symbole der Liebe geworden.

Selten hat mich etwas so angerührt wie dieses. Es hat auch sehr lange gedauert, bis ich ganz verstanden habe, welche Liebe zu mir darin steckte. Es beglückte meinen Vater, dass er seiner kleinen Tochter ihre Lieblingskerzen zurückbringen konnte, allen Wirren zum Trotz. Und dann überwachte er, wie ich sie feierlich wieder in das japanische Lackschränkchen schloss.

Es kamen noch einmal schwere Jahre. Mein Vater musste immer wieder ins Krankenhaus. Einige Jahre später heiratete ich. Aber nur drei Monate nach unserer Hochzeit wurde mein Vater von seinem Leiden erlöst.

Und als es wieder weihnachtete und meine Augen auf das Lackschränkchen fielen, schloss ich es auf und holte die Kerzen heraus.

Mein Mann und ich schnitten Taxus aus dem Garten, banden einen kleinen Adventskranz, steckten die Kerzen darauf und trugen ihn vorsichtig in unser winziges Wohnzimmer. Dann entzündeten wir die Kerzen und schauten sie schweigend, in Erinnerung versunken an, bis sie verlöschten.

Eine neue Zeit hatte begonnen.

Unsere braunen Weihnachtskuchen

Man nehme: 1 Pfund Zucker, 1 Pfund Sirup, 1 Pfund Fett (Butter und Butterschmalz), 3 Pfund Mehl, 1 Zitrone, ¼ Pfund Sukkade, ¼ Pfund enthäutete Mandeln, 40 g Pottasche (eine Röhre von 10 g) in Zitronensaft auflösen.

Fett, Zucker, Sirup heiß machen und in eine Schüssel geben, in der sich das gesiebte Mehl und die feingehackten Zutaten befinden. Am Tage vorher anrühren und zu Rollen formen. Die Nacht hindurch stehen lassen und in Scheiben geschnitten aufs Blech legen und backen, je heller, desto besser.

Vom 1. Advent an stehen die braunen Kuchen in der großen roten Blechdose bereit. Es gibt dann frisches Weißbrot zum Frühstück, das dick mit Butter bestrichen wird – und mit den braunen Kuchen belegt. Auch nachmittags essen wir diese herrlichen Schnitten.

Unsere weißen Kuchen, auch Spekulatius genannt: ¼ Pfund Butter (Margarine), ¼ Pfund Zucker, ½ Pfund Mehl, 1 Ei, Zitronenschale gerieben, ½ Teelöffel Zimt, ¼ Backpulver.

Butter zu Sahne rühren, mit Zucker, Ei und Gewürzen vermischen, dann das Mehl mit dem untergerührten Backpulver dazu. Der Teig wird ausgerollt und mit Figuren ausgesteckt. Leicht backen. –

Kriegsrezept: ¼ Pfund Butter (Margarine), 2 Eier, ½ Pfund Zucker, 1 Pfund Mehl, etwas Zimt, Zitronenschale, ½ Backpulver.

Springerle

Das Rezept sowie die Backformen, die Mödel, stammen von der Familie meiner Schwiegermutter aus Schwaben:

1 Pfund sehr feiner Zucker oder Puderzucker, 4 Eier, 1 Pfund Mehl, 1 glatter Teelöffel Hirschhornsalz, der in Alkohol (Rum oder Cognac) aufgelöst wird. Früher hieß es: Eier und Zucker eine Stunde rühren. Heute bearbeite ich alles mit dem Handmixer. Eier und Zucker werden geschlagen, bis eine cremige Masse entsteht, das Mehl sowie das aufgelöste Hirschhornsalz kommen hinzu. Am besten, man bereitet den Teig am Morgen zu, stellt ihn kühl und nachmittags, wenn die Kinder aus der Schule gekommen sind, beginnt das große Ausmödeln. Der Teig wird 1 cm dick ausgerollt und in passende Vierecke geschnitten. Inzwischen hat man die Mödel aus ihrem Versteck geholt und sie noch einmal bewundernd betrachtet. Ich habe die fünf verschieden großen Mödel aus Lindenholz vor mir liegen. Der wunderbare Rokokokorb, der gekrümmte Fisch, dann jeweils sechs Motive: Handwerker, Blumen, Tiere. Ein großes Mödel hat sogar fünfzehn Medaillons nebeneinander und auf der Rückseite große Blumen, einen Schwan, ein Blatt.

Nun schneidet man jedem, der mitbacken will, ein Säckchen aus einer alten Windel oder einer Gaze, füllt Mehl hinein, bindet es zu und betupft die Mödel, beklopft sie mit Mehl, drückt ein Teigstückchen hinein, wendet das Mödel um und holt vorsichtig den „bedruckten" Teig heraus. Ein gefettetes Backblech hat man vorher mit Sonnenanis bestreut. Darauf legt man nun die Springerle in kurzem Abstand nebeneinander und stellt das Blech eine Nacht kühl, um es am nächsten Morgen in den Ofen zu schieben und die Springerle bei schwacher Hitze zu backen. Durch das Antrocknen in der Nacht bleiben die Motive erhalten, der Teig springt auf, die Bilder erheben sich, es bildet sich ein kleiner Sockel. Nach dem Erkalten werden die Springerle sehr hart. Um sie essen zu können, pustet man in sie hinein, eine besonders für Kinder lustige Sitte.

Als das Backen mit Salzteig modern wurde, wollte unser Jüngster gern auf Bazaren helfen und Geld verdienen. Dafür backten wir:

Salzige Springerle: 500 g Mehl, 200 g Salz, ¼ l Wasser. Den Teig ausrollen und auf die Mödel geben, 2 Tage trocknen lassen, 60 Min. bei 50° backen (trocknen). Mit einem Strohhalm Löcher für ein Durchziehband in den Teig stechen. Nach dem Erkalten wird das Bemalen zum Fest. „Seht, wie ihre Augen strahlen, wenn sie lernen ‚Mödel' malen."

Weihnachtstraum beim Räumen

Zu räumen gibt den Räumen Raum.
Es ist dann aus mit jenem Traum
der alten Schachteln, Bänder, Kisten,
in denen oft jahrzehntelanger Flaum
der jungen Jahre noch ihr Dasein fristen.

Zu träumen gibt den Träumen Flaum,
sie flüchten sich in jenen Raum
der lichterhellen Kinderzeit
und zaubern einen Weihnachtsbaum,
glitzernder Märchenwelt geweiht.

Zu lieben gibt den Träumen Raum,
du hältst sie mühsam nur im Zaum,
sie fliegen mit dir in die Lüfte
und lösen leichter sich als Schaum.
Wenn du erwachst, spürst du die Düfte.

1976

Wärme

Der Baum steht nackt im fahlen Sonnenlicht,
schwach und ohne Kraft er diesem Sommer glich.
Und wenn das Leben uns auch lau verstrich,
wollen wir uns doch beklagen nicht.

Die Welt ist voll von Terror und Gewalt.
Wir lernen wieder beten um das Recht:
„Wer sich nicht selbst befiehlt, bleibt immer Knecht“,
und taumelt, ist gefährdet – ohne Halt.

Wie können wir uns wehren gegen Hass und Neid?
Was soll'n wir tun, die Freiheit zu erhalten?
Wenn immer nur die bösen Mächte walten
und wir fürs Heilen keine Zeit.

Im kleinsten Kreise fängt es an:
in der Familie, im Alltag zu Haus;
von daher gehen Wünsche und Taten aus! –
Lichte Nebelschwaden ziehen heran.

Ich spüre wieder die Wärme der Herde;
das Gute, das vom Vertrauen ausgeht,
mich wie Engelsflügel vom Himmel anweht.
Lasst uns lieben hier auf der Erde!

1977

Lächeln

Regen rauschet auf uns nieder,
Regen rauscht das ganze Jahr;
nur der Kalender sagt uns wieder:
Weihnachten ist nah!

Weil die Sonne uns verloren,
wir im Dunkeln dämmern hin.
Wasserzischen in den Ohren,
wo sind Freude, Lebenssinn?

Sind es die steten Pflichten?
Veränderung, Enttäuschung nur?
Leben wir von den Berichten
und folgen keiner anderen Spur?

Wir müssen sehr auf uns achtgeben,
dass wir nicht dumpf und müde bleiben,
sondern Freude tupfen in das Leben
und die Nässe wischen von den Scheiben,

Um den Nächsten klar zu sehen
und ein Lächeln zu verschenken.
Lasst uns zueinander stehen;
aufwärts unsere Schritte lenken.

1978

Zauberwort

Weihnachten, du Zauberwort,
wirst gehört an jedem Ort.
Wie können wir dir Inhalt geben
und Sinn für unser kurzes Leben?

Streben wir nicht nach Rampenlicht?
Wer kennt noch das Wort Verzicht?
Wir wollen alles Gebotene fassen
und können nicht lernen, etwas zu lassen.

Wir wollen halten, was wir lieben,
und sind somit im Ich geblieben.
Dann fühlen wir unser Versagen
und können uns nicht mehr ertragen.

Auf einmal greift das Schicksal ein,
und du selbst wirst furchtbar klein.
Du musst dich einem Höheren fügen
und kannst dich nicht mehr selbst belügen.

Alles bekommt eine neue Dimension,
einen lichteren, helleren Ton. –
Du bist eingebettet und geborgen
und freust dich auf ein neues Morgen.

1979

Reigen

Immer mehr tobt es um uns herum.
Was sollen wir tun? Wir bleiben stumm.
Unser Radius ist eng und klein.
Und meistens steht jeder allein.

Nachrichten berühren uns mit Schrecken,
man möchte schreien, Freunde wecken,
sich aufbäumen vor Ungerechtigkeit,
vor dem Chaos und dem tiefen Leid!

Doch der Alltag geht weiter. Man vergisst.
Man freut sich, dass es hier noch anders ist.
Wie lange, frage ich, wenn wir schweigen,
drehen uns unbekümmert im Reigen?

Pausenloser wird unser Eilen. –
Lasst uns zu Weihnachten dort verweilen,
wo wir Licht erkennen, Wärme spüren,
dann werden sich auch die Herzen rühren,

aufatmend werden wir endlich frei! –
Die Liebe gibt dies ganz nebenbei.
Von ihr beseelt, von ihr erfüllt;
damit ist jeder Wunsch gestillt. –

1980

Schnee

Schnee ist auf die braunen Blätter gefallen.
Das Jahr geht zu Ende, sagt er uns allen.
Atmen wir nun erleichtert auf,
weil jedes Ding nahm seinen Lauf?

Wie oft bedrückte uns das Weltgeschehen?
Wir mochten nur nicht weiter sehen. –
Wir Menschen schaffen viel mit unserem
Denken.
Ach, möchten wir es stets zum Frieden lenken!

Und uns erinnern, was von früheren Zeiten
für Kunstwerke vor uns sich noch ausbreiten.
Eine Raffael'sche Madonna, ihr Lächeln dazu,
sich hineinzuversenken gibt uns die Ruh'

und die Gewissheit, dass Anstrengung lohnt
und mehr in unserem Herzen wohnt
als Angst und Furcht und Heuchelei.
Ein Blick auf die Schöpfung macht uns frei!

Geduld mit uns selbst und mit den andern!
Getrost können wir dann weiterwandern;
jeder Tag, den wir so zu Ende führen,
lässt uns das neue Licht schon spüren. –

1981

Das Weihnachtswort

Eilig lief Christa zum großen Philosophenturm des Hamburger Universitätsgeländes. Es war wieder die allerhöchste Zeit, pünktlich zum Seminar zu kommen. Sie hatte noch einen Apfelkuchen gebacken und Tannen gekauft. Die Adventszeit hatte begonnen. Ihre Familie war es gewohnt, dass sie die Zimmer schmückte, die Engelkapelle aufbaute. In diesem Jahr waren ihre Gedanken zu sehr bei den Kommilitonen. Christa hatte, nachdem ihre Kinder aus dem Haus waren, wieder mit dem Studium begonnen. Manchmal war es gar nicht so einfach, alles unter einen Hut zu bringen, besonders, wenn, wie eben kurz vor Weihnachten, Pakete gepackt werden sollten, Geschenke gekauft ...

Und dann blieb sie trotz ihrer Eile stehen. Der große, hohe Philosophenturm sah wie ein riesiger Adventskalender aus. Die Fenster waren abwechselnd erleuchtet. Leider schauten keine weihnachtlichen Embleme hindurch. Sie dachte an ihre vielen Adventskalender, die sie in jedem Jahr wieder hervorgeholt, dem Datum entsprechend geöffnet und nach dem Fest wieder verschlossen und verwahrt hatte. Sogar ihren Kindern konnte sie noch die Kalender geben, damit sie Spannung und Vorfreude empfinden sollten. Doch eines Tages, ihre Kinder waren wohl fünf, sechs Jahre alt, erschien ein Junge aus der Nachbarschaft, stürzte

Ein Weihnachtswort, weil es wärmt und weil man in dieser Zeit schneller zum Vergeben bereit ist und sein soll.

sich auf die Kalender und begann, mit seinem Zeigefinger schnell die transparenten Fenster zu durchbohren. Leider hatte Christa dies zu spät bemerkt, und die perplexen Kinder hatten den wilden Besuch wohl nicht zähmen können. Er war wie besessen und noch heute hörte sie in der Erinnerung das Knack, Knack – es war, als wenn jedes Mal schnell hintereinander ein Luftballon platzen würde.

Hätte der Junge bei ihrem Anblick aufgehört und das Wort „Entschuldigung" über die Lippen bekommen. Christa dachte, dass dies Wort ein Weihnachtswort sei, ebenso wie Verzeihung. Ein Weihnachtswort, weil es wärmt und weil man in dieser Zeit schneller zum Vergeben bereit ist und sein soll. – Während sie dies dachte, stand sie vor dem Fahrstuhl, der sie in den 13. Stock des „Adventsturmes" bringen sollte, wo ihre Gruppe sie erwartete.

Trotz des großen Altersunterschiedes klappte die Zusammenarbeit innerhalb der Gruppe zunächst recht gut. Da Christa immer schnell mit Ideen, mündlich im Plenum oder schriftlich bei den Protokollen, zur Hand war, wurde die Gruppe immer bequemer. Christa sah sich allein in der Bibliothek stehen und Buchstellen heraussuchen, so dass sie allmählich die Lust verlor, mit diesen Leuten zusammenzuarbeiten. Besonders, als sie erfuhr, dass sie gemeinsam ohne sie zum Kaffeetrinken gegangen waren in der Zeit, als sie für alle arbeitete. Christas Geduld war so strapaziert, dass sie sich sagte: „Mit denen kannst du es nicht noch ein Semester aushalten." Um sich zu erkundigen, wie es wohl im nächsten Semester weitergehen würde, fragte sie die fünfundzwanzigjährige Tutorin, die zu Beginn des Semesters freundlich gesagt hatte: „Wenn ihr irgendwelche Fragen habt, kommt zu mir, ich werde euch helfen." Zwar hatte sie mit einem schrägen Blick auf Christa hinzugefügt: „Ich wollte euch nur sagen, dass ich schon mit achtzehn Jahren Erwachsene erzogen habe ..." Da Christa sich erinnerte, gehört zu haben, dass die Tutorin aus Schweden stammte, dachte sie zu ihren Gunsten, dass sie „unterrichtet" meinen würde und sich in der Vokabel vergriffen hatte. So vergaß sie dies.

Der Gruppennachmittag, zu dem sie jetzt unterwegs war, fand immer freitags um 18 Uhr statt – jetzt war es schon dunkel. Es war Advent! Christa dachte an den Vormittag. Auch da hatte sie sich in der Vorlesung ihres Professors vergeblich nach Mitgliedern ihrer Gruppe umgesehen. Als nach der Vorlesung schon alle Studenten dem Ausgang zustrebten, erwischte die Tutorin sie gerade noch und sagte: „Gut, dass ich dich treffe, ich habe schon nach einem deiner Gruppe Ausschau gehalten. Hier sind zwanzig Seiten, die wir für die Gruppenarbeit benötigen. Ich habe alles nur einmal zur Hand. Kopiert sie euch. Wir sehen uns ja dann heute Nachmittag." Christa nahm die Blätter und nutzte die Gelegenheit, Regina eine Frage zu stellen, die ihr schon einige Zeit auf den Nägeln brannte: „Sag mal, bleibt die Gruppe, wie sie jetzt ist, auch im nächsten Semester bestehen?" Regina blickte auf, sah sie kritisch an. Dabei fiel Christa auf, dass Regina ein madonnenhaftes Gesicht hatte, das wohl Creme gebraucht hätte. Ihre Augen aber, hellblau, wirkten sehr kühl. Wenn sie schwieg, war es regelrecht ein Genuss, sie anzusehen. Aber ihre Stimme hatte etwas so Unweibliches und Scharfes bekommen, dass man sich fragte, was aus dem Mädchen werden sollte, wenn man an ihre Zukunft dachte. Zum zweiten Male fragte Christa: „Bleiben die Gruppen in ihrer Zusammensetzung, so wie sie sind, auch im nächsten Semester bestehen?" „Wenn du mit deiner Gruppe Probleme hast ...", sagte Regina kurz. „Ich meine nur, ob die Gruppe, wie sie ist, zusammenbleibt?", wiederholte Christa unbeirrt. Der Tutorin knappe Antwort lautete: „Also, wenn du mit deiner Gruppe Probleme hast – nun ihr müsst selbst damit fertigwerden."

Christa versuchte es noch einmal: „Aber ich wollte doch nur fragen, ob ...", sie unterbrach sich und erkannte, dass es sinnlos war, den Satz zu Ende zu sprechen. Regina wollte sie nicht verstehen. Endlich ging ihr Ahnen in Begreifen über. Es war die höchste Zeit, dass Christa, die sich, während sie sich im Fahrstuhl zum 13. Stock, ihrem Gruppentreffpunkt, befand, das Gespräch vom Vormittag mit Regina noch einmal vor Augen geführt hatte, oben erschien, denn ohne sie würden sie nicht beginnen können. – Christas Mappe war voller Arbeitsunterlagen. Obenauf die neuen Seiten, die Regina ihr gegeben hatte und die noch zu vervielfältigen waren und die sie mit ihrer Gruppe besprechen wollte. Bald spuckte der Fahrstuhl sie aus. Aber da hörte sie schon von weitem Stimmen, die aufgeregt klangen. Und als sie konzentriert zuhörte, vernahm sie Reginas Stimme: „Christa hat sich über euch beschwert, sie hat ..." Fast instinktiv stürmte Christa in den Raum und rief: „Hier möchte ich gern dabei sein, denn ..." „Kann ich weitersprechen?", fragte die Tutorin bestimmt und leicht spöttisch. „Nein", entfuhr es Christa, „hier habe ich noch ein Wörtchen mitzureden. Ich habe mich nämlich keinesfalls über die Gruppe beklagt, ich habe nur gefragt, ob ..." In Christa stieg eine ungeheure Kraft auf, wie sie sie stets empfand, wenn sich bei ihren Kindern Unrechtes anbahnte. Vielleicht sah sie auch sehr entschlossen aus, denn Regina sagte schließlich: „Heißt das, dass ich den Raum verlassen soll?" „Ja, das wäre das Beste", hörte Christa sich sagen. Regina verließ den Raum.

Da fiel die Gruppe über Christa her: „Du hast uns die Tutorin vergrault. Wenn wir nun unsere Scheine nicht bekommen, ist es deine Schuld. Und überhaupt. Wir wollten doch zusammen nach der Arbeit Advent feiern, das ist doch nun wohl vorbei." Christa stellte stumm die mitgebrachte dicke, rote Kerze auf den Schreibtisch. Da es nicht genug Stühle gab, saßen die meisten der Gruppe auf dem Fußboden und schauten skeptisch zu ihr hinauf, die wie selbstverständlich auf dem einzigen Drehstuhl Platz genommen hatte – um das Protokoll zu schreiben, das anschließend jedes Mal abgegeben werden musste. Christa hatte sich gefangen: „Ich muss immer die Arbeit für euch machen, feiern tut ihr dann alleine. Ihr sagt euch auch im Plenum: ‚Christa ist ja da, die hört zu, schreibt mit. Wir sind mit ihr zusammen und bekommen den Schein billig.' Sollen wir im Plenum eine Arbeit machen, heißt es gleich: ‚Nur nicht melden, Zeit gewinnen, untertauchen!' Irgendwie mag ich so etwas nicht mitmachen. Ich kann so eine Arbeitsmoral nicht ausstehen ... Und da habe ich nur gefragt, ob wir auch im nächsten Semester zusammenarbeiten müssen ... Ich habe keine Lust dazu. – Doch das hat nichts mit Adventfeiern und mit Regina zu tun. Aber ich sehe ein, dass ich nicht fair gehandelt habe, vielleicht hätte ich vorher mit euch darüber reden sollen. Es tut mir leid, ich bitte euch um *Entschuldigung.*"

Eine Minute war großes Schweigen, dann sagte Wolfgang, er hatte eine gute Stimme und soziale Ansichten. „‚Entschuldigung', was ist das für ein Wort? Was ist das, sich entschuldigen? Dieses Wort habe ich seit sechs Jahren nicht gehört. Ich kann nichts damit anfangen. Bei uns diskutieren wir immer alles aus." „Ja", riefen alle, „wir müssen diskutieren.“ Christa brachte nur schwach heraus: „Mit euch kann ich alles, nur nicht diskutieren, denn es könnte sein, dass durch das Gehege meiner Zähne wieder ein Wort huschen würde, das euch nicht passt, dann wäre die Stimmung noch mal gelaufen. – Nein, ich werde nach unten fahren und beim Studenten-Blitz die zwanzig Kopien mal acht machen und wieder heraufkommen. Dann bin ich eine halbe Stunde beschäftigt, währenddessen könnt ihr gern diskutieren. Ich lege das Geld aus.“ So verschwand Christa mit einem Packen Papier und ihrem Portemonnaie aus dem kleinen Raum, der sich immer mehr mit Zigarettendunst gefüllt hatte. Wie sie in die Kopieranstalt kam, wusste sie nicht mehr. Sie musste sich sehr anstrengen, um konzentriert die richtigen Knöpfe zu drücken, denn sie stand auf generationsbedingtem Kriegsfuß mit allem, was zu technisch aussieht.

Schließlich hatte Christa die zwanzig mal acht Bögen unter dem Arm. Sie waren wie ein dicker Papierblock geworden, den sie nur mit Mühe in ihrer Aktentasche unterbringen konnte. Den kalten Windhauch spürte sie nicht. Es war dunkel, diesig, nasskalt. Dann wischte sie sich die ersten Schneeflocken aus den Augen.

Sie blieb stehen und setzte ihre Last kurz ab. Wieder sah sie vor sich den Riesenphilosophenturm. Hier und da ein erleuchtetes Fenster. Je weiter es in die Höhe ging, desto heller wurde das Gebäude. Christa begriff ihre Assoziation zu den wärmenden Gedanken an ihre Kindheit, an das Adventsgeschehen nicht mehr. Der schwere Gang, den sie tun musste, lag auf ihrer Seele.

Und als sie dann im Fahrstuhl stand, ganz allein, verlassen, vergaß sie alles Tröstende und fürchtete sich. Und aus der Gewissheit, dass Fürchten und Lieben bei Gott zusammengehören, fasste sie den Mut, in Sekundenschnelle zu beten: „Hilf mir, lieber Gott, hilf mir, dass ich mit dieser Situation fertigwerde, dass ich das überstehe." Zu kurz war die Zeit, um länger zu verharren. Dann war sie oben angekommen.

Der Raum ihrer Gruppe war noch immer geöffnet, und Christa hörte leise Stimmen. Als sie eintrat, sagte sie wie beiläufig, indem sie den Papierhaufen vorsichtig auf den Teppichboden gleiten ließ: „Hier sind die Kopien, nun verteilt sie mal." Christa spürte, dass jeder Einzelne am liebsten die Blätter aufgenommen und sich mit dem Verteilen beschäftigt hätte. Sie schauten alle nach unten und machten sich irgendwie zu schaffen, oder sie holten drei Mark aus ihren Taschen, die Christa für sie ausgelegt hatte. Eine nervöse Geschäftigkeit machte sich bemerkbar.

Plötzlich kam die Tutorin Regina herein. Sie strahlte die Gruppe an und sagte: „Ich wollte euch nur mitteilen, unter welchen Gesichtspunkten ihr die Kopien betrachten sollt, welche Punkte wir im nächsten Plenum vornehmen werden. Da ist 1. die Generationsdarstellung, 2. das Thema des Verfalls im 1. Teil und 3. die gesellschaftliche Standortbestimmung. – Das wär's, und dann wünsche ich euch ein schönes Adventswochenende! Tschüs!"

Christa saß da und betrachtete die Szene, als ob sie nur Zuschauer wäre. Erst als alle sich ebenso fröhlich erhoben und zu plaudern begannen, löste sich die Spannung.

Das Wort „Entschuldigung“, das auch Regina unausgesprochen benutzt hatte, dieses Weihnachtswort schwebte über dem ganzen Raum. Es zog in aller Herzen ein und befähigte sie, die Sprache des anderen zu verstehen.

Und dann haben sie doch noch Advent gefeiert bei Kerzenlicht und mitgebrachtem selbstgebackenen Gebäck. Sie haben weniger gesprochen als sonst. Aber als sie sich verabschiedeten, war ihr Händedruck wärmer, und es lag ein gelöster Schimmer in aller Augen.

Als Christa nach dieser Gruppensitzung auf die Straße trat, sich von allen verabschiedet hatte, ging sie wie versonnen durch die Gassen. Sie spürte den leichten Schneefall nicht. Ihr schien alles warm und hell. Sie blickte noch einmal den langsam dunkel werdenden Philosophenturm an, sah zu, wie die Schneeflocken um ihn zu tanzen begannen, wie sie auch mehr und mehr liegen blieben, alles in Weiß tauchten und damit zudeckten, was unschön war.

Lange musste Christa so nachdenklich gegangen sein, denn als sie sich besann, wusste sie gar nicht, wo sie sich befand. In irgendeiner Straße hinter dem Abaton-Kino? Wo hatte sie ihr Auto hingestellt? Die Realität hatte sie wieder.

Eine echte Weihnachtsfreude aber war eine Postkarte von der Gruppe mit einem Bild von Larsson,

Es gab „Gänsebegräbnis“,
das sich auch in ihrer Familie
großer Beliebtheit
erfreut.

dem schwedischen Aquarellmaler: Im Hintergrund eines gemütlichen Zimmers steht der Weihnachtsbaum. Im Vordergrund die Mutter, an ihrer Hand die Kinder, die zusammen einen Kreis bilden. Und geschrieben stand: *‚Entschuldigung‘*, wir haben verstanden! Frohe Festtage! Auf bald!“

Zwischen den Jahren lud Christa die Gruppe zu sich nach Hause ein. Es gab „Gänsebegräbnis“, das sich auch in ihrer Familie großer Beliebtheit erfreut.

Gänserezepte

Am 1. Weihnachtstag gibt es in unserer Familie, solange ich denken kann, eine Gans. Seit unsere Familie sich so erweitert hat, dass sogar die Großmütter und Tanten mit dabei sind, die Kinder mit Schwiegerkindern ankommen, gibt es zwei Gänse. Das Besondere daran ist, dass wir stets eine „süddeutsche“ und eine „norddeutsche“ Gans haben. Es kommt nicht darauf an, wo die Gänse gemästet wurden, hier kommt es auf die Füllung an.

Am 23. Dezember schäle ich mittags stundenlang Äpfel und verteile die Stücke auf zwei Schüsseln.

Die *norddeutsche* Füllung entsteht durch Vermengen von Äpfeln mit abgebrühten Rosinen, Paniermehl, heißem Wasser und Rum. Man kann die Dosierung auch vertauschen, also mit Rum und Wasser die Masse verbinden. Zucker und Zimt kommen noch hinzu und verfeinern den Geschmack.

Für die *süddeutsche* Füllung werden zunächst Maronen, also Esskastanien, besorgt. Diese werden im Wasser ziehend weich gekocht. Nach dem Abkühlen muss man sie pellen, was mühsam ist. In diesem Jahr haben wir einfach Maronen aus Dosen genommen – aber sie sind eigentlich zu weich.

Nun werden die Gänse von innen gesäubert, gewaschen. Meistens findet man die Innereien im Beutel vor. Das ist alles viel einfacher als früher. Das Innere der Gans wird mit Salz eingerieben, ebenso die Haut von außen. Dann stopft man in die Bäuche jeweils eine Füllung und näht sie zu. Die Hälse wurden schon vorher übergeklappt und mit Stichen befestigt.

Gänseschmalz: Die Flomen kommen in einen Kochtopf und werden mit derselben Menge Schweineschmalz – dadurch wird es fester – erhitzt und in irdene Gefäße gefüllt. Ebenso schöpft man das Fett, das beim Braten herauskommt, in einen Topf ab, setzt Schweineschmalz zu und hat nun ein Gänseschmalz mit einer bräunlichen Färbung, das etwas kräftiger schmeckt.

Wenn um 10 Uhr die Kirchenglocken läuten, stecke ich die Gänse „löffelesweis“ in den Ofen und stelle ihn hoch. Nach einer Stunde vermindere ich die Hitze, um nach zweieinhalb Stunden noch einmal hochzustellen.

Früher haben wir die Gans immer mit Wasser begossen. Mit zwei Gänsen kann man das nicht schaffen. Zu meinem Erstaunen waren sie trotzdem kross und knackig. So kann man das Fett, das aufs Blech getropft ist, auch leicht abgießen und von dem Bratensud, auf den man kochendes Wasser gegeben hat, die Sauce bereiten, die ich mit Schmand verbessere und mit dunklem Saucenbinder abbinde.

Die Männer müssen tranchieren. Zwei Schüsseln für die Ingedöme, also die Füllungen, stehen bereit. Als Gemüse gebe ich Rosenkohl dazu, natürlich noch Salzkartoffeln. Die Beine dürfen in der Familie abgenagt werden. Weißwein ist zur Feier des Tages genehmigt. Wer danach noch Äpfel, Nüsse, Marzipan als Nachspeise vertragen kann, der weiß, wie man Weihnachten begeht.

Gänsebegräbnis: Es bleiben natürlich Reste von den Gänsen stehen. Vielleicht ist ein Bein, ein Flügel übriggeblieben oder sogar etwas von der Brust. Jedenfalls muss man die Rippen abpulen. Von diesem Fleischhaufen, der sich ergeben hat, den Resten, gibt es ein sehr beliebtes Essen, um das sich besonders Jugendliche reißen.

Einen Tag zuvor koche ich Sauerkraut, verfeinere es mit Apfelsaft, Gänseschmalz und Zucker. Sehr gut eignen sich Reste einer frischen Ananas zum Mitkochen. Es müssen noch Pellkartoffeln gekocht werden. Am nächsten Tag wird eine große Auflaufform eingefettet und lagenweise Fleischstücke, geschnittene Kartoffeln und Sauerkraut hineingegeben. Zuletzt wird die noch etwas verlängerte Sauce darübergegossen und dann – hinein in den Ofen. Eine Dreiviertelstunde braucht dieses himmlische nachweihnachtliche Gericht, dann ist alles miteinander so gut durchgezogen, dass jeder, der es einmal gekostet hat, wünscht, dass bald wieder Weihnachten sei, damit es nach dem Fest *Gänsebegräbnis* gibt.

Ich mag so gern ...

Ich mag so gern in andr'er Leute Fenster schau'n,
wenn sie geschäftig eilen – oder Krippen bau'n.
Ich mag so gern die hellen Tannenbäume zählen,
den Duft der Zweige atmen, wenn sie schwelen.

In dieser Zeit mag ich so gerne staunen
und lauschen auf das geheime Wispern, Raunen,
das zwischen dem Hetzen, dem Jagen spürbar wird.
Und ich sehne mich nach dem einzigen guten Hirt'.

So pendle ich zwischen Erwachsenem und Kind
und zwischen den Tagen, die heilig sind.
Erst zwischen den Jahren komme ich wieder zu mir,
blicke zurück auf das Fest – und danke Dir.

1981

Frieden

Im dichten Nebel schwinden die Konturen.
Das Jahr verfließt, hast du es auch genutzt?
Und fühlst du einsam dich auf deinen Spuren,
wird doch zum Fest sich wieder aufgeputzt.

Du stehst inmitten dieses Zwanges,
bist nur ein Teil im großen All.
Dein Mut ist nicht sehr groß und Banges
befällt dich, Dumpfes, ohne Widerhall.

Oft hattest du zu viel dir vorgenommen,
und ganz vergessen, dass du nur geben kannst,
wenn du zur Ruhe bist gekommen
und wieder Werden und Vergehen ahnst;

und du dich eingebettet in dies Leben weißt,
wie Kinder, die sich selbst oft nicht begreifen,
wie Alte, deren Dasein Warten heißt.
Dann erinnerst du dich an dein Reifen –

daran, dass nur Verständnis dir den Frieden bringt,
den du so sehr erhoffst, ersehnst. –
Wenn dann vom Turm die große Glocke klingt,
du endlich dich geborgen wähnst.

1982

Abschnitte

Immer gibt es Abschnitte im Leben
und Schicksalsschläge, die man kaum verkraftet,
zu sehr war man verhaftet
im Weiterkommen, Vorwärtsstreben.

Auf einmal stockt, was glatt dahingetrieben.
und neue Perspektiven tun sich auf.
Sie zwingen uns zu stoppen unsern Lauf,
uns zu besinnen, uns auch neu zu lieben.

Wir lassen los, was früher wichtig war
und werden wieder wesentlich.
Wir fragen uns, wer sind wir eigentlich?
Dann sehen wir uns auch selber wieder klar.

Es ist noch Zeit, das Jahr ist nicht zu Ende;
Stille und Frieden kehren bei uns ein.
Wir fühlen wieder, dass wir nicht allein
und können dann bejahen unsere Wende.

Die Lichter zu entzünden, gelingt uns sicherlich
und Freude zu bereiten auch.
So will es unser guter alter Brauch. –
O Mensch, bescheide dich und „werde wesentlich"!

1983

Hoffnung

Bald hängen neue Kalender an den Wänden,
schnelllebig ist die Zeit.
Das Vorwärtseilen will nicht enden,
bald ist die Welt verschneit.

Noch zwingt uns die Natur zum Innehalten,
noch ist ihr Rhythmus nicht gestört,
wenn uns auch ganz andere Gewalten
bedrohen, und wir meist betört

den falschen Göttern dienen,
statt uns zu besinnen, zu bewahren. –
Doch sind auch gute Feen uns erschienen,
denn wir überwanden viel Gefahren! –

Nur wenn man durchhält, weitermacht,
sich nicht beirren lässt auf seiner Reise,
zeigt sich ein warmer Schimmer sacht,
durchströmt dich und erfüllt dich leise.

Du bist zu neuen Ufern aufgerufen;
Mängel werden als Hoffnungen erkannt.
Du hast Kraft für deine weiteren Stufen
und fühlst dich fest in Gottes Hand.

1984

Sonett

Im Winter verwischt sich leicht die Wirklichkeit.
Die Nebel sind zum Schneiden dicht, und düster
scheint es überall. Da glänzt ein Lüster!
Siehst du sein Strahlen, macht es dich bereit

für die Besinnung und die stille Einkehr
bei dir selbst. Und jede Kerze knistert
leise, und die Menschenmenge wispert,
denn Geheimnisse trägt jeder mit sich her.

Freude schenken, weil es Hoffnung gibt!
Und wenn es nur für Augenblicke ist,
man endlich das Bedrohliche vergisst

und wieder spürt, man ist doch geliebt
und weiß, wie wertvoll unsere Freiheit hier!
Sie weist den Weg zur Krippe uns – zu Dir!

1985

Weihnachtsgedanken

Wie soll ich mich verhalten?
Es kommt die Weihnachtszeit!
Was kann ich neu gestalten?
Wozu bin ich bereit

nach allem, was geschehen
in diesem letzten Jahr?
HERR! Lass mich aufrecht stehen
und lieben immerdar –

wie es mich Weihnacht lehrte
mit seinem Licht und Schein.
Auch Menschen, die ich ehrte,
sollen dann bei mir sein!

Ich möcht die Atempause,
möcht Demut und Geduld.
Ich bleibe gern zu Hause
und wart' auf Gottes Huld.

Damit ich frisch beginnen
und kräftig wirken kann,
neues Terrain gewinnen.
Nur so geht es bergan!

1986

Ein Hauch von Weihnacht im Supermarkt

Jede Familie hat so ihre Weihnachtssitten. Bei Rasmussens ist es üblich, den Tannenbaum erst am 23. Dezember, kurz vor Ladenschluss zu kaufen, weil die Bäume dann billiger sind, man besser handeln kann, und die Spannung groß ist, ob man in diesem Jahr überhaupt noch einen Baum bekommt. Dann, um 20 Uhr, wenn der Vater sich von seinem Geschäftstag etwas erholt hat, wenn die Großmutter schon vom Bahnhof geholt ist, dürfen die Kinder von ihrer Konfirmation an dabei sein, wenn geschmückt wird.

In diesem Jahr war Achim aus Heidelberg gekommen, er hatte schon eine Freundin und die wünschte sich gerade so einen weißen Klappsessel, wie ihn das Kaufhaus anbot. Die Zeit war schon knapp, der Tannenbaum noch nicht gekauft. Doch Christa Rasmussen konnte ihrem Ältesten nichts abschlagen und fuhr sogleich mit ihm zu eben diesem Supermarkt, der eigentlich ein Großmarkt ist.

In dem Geschoss, in dem sich die Möbel befinden, gibt es auch eine Textilabteilung und – Garderobe. Etwas gelangweilt, dabei fast ärgerlich, da Christa sich diese unnütze Zeit nicht leisten konnte – ihr schwirrte der Kopf, wenn sie an die ungefüllten Gänse dachte, die Karpfen, die noch gesäubert, gesäuert und gesalzen werden mussten, ach, an die Nachbarn ... –, schlenderte sie weiter in die Abteilung mit Lederjacken, für sie ein unerreichbarer Traum. Gerade diese, die da so auf dem vorderen Haken hing, die hatte es ihr angetan. Schließlich nahm sie die Jacke vom Bügel und schlüpfte hinein. Sie passte wie angegossen. Oben und unten wie eine Windjacke geschnitten, sportlich, dazu weiches, weißes Nappaleder – ein Traum, ein weißer Traum. Dann sah sie doch nach dem Preis: 359,– DM. Eigentlich gar nicht so schlimm. Aber jetzt, so kurz vor dem Fest, konnte man doch keine Wünsche mehr haben.

Christa zog die Jacke wieder aus, nicht einmal traurig, es war einfach so. Da bemerkte sie einen roten Fleck an der Seite. Sie dachte sofort: Nagellack. Ihrer konnte es nicht sein, der war schon fast abgeblättert bei all der Arbeit, also konnte sie es nicht gewesen sein, stellte sie erleichtert fest. Sofort schoss ihr ein interessanter Gedanke durch den Kopf: vielleicht kann ich auf diesen Fleck hin den Preis erniedrigt bekommen? Sie fasste sich ein Herz und ging zur zuständigen Verkäuferin, die ihr bedeutete, mit der Jacke nach unten in ein Glashäuschen zu gehen, in dem sich der Abteilungsleiter aufhielt, der, falls möglich, den Preisnachlass bewilligen würde.

Inzwischen suchte sie ihren Sohn Achim und fand ihn, ziemlich ärgerlich. „Wo bleibst du nur? – Ich kann hier nichts werden, die Stühle sind alle ausverkauft. Es blieb mir nur, eine Bestellung aufzugeben. Schnell, wir müssen uns um den Baum kümmern." –

Fragend fiel sein Blick dann auf die Jacke, die Christa über dem Arm trug. „Sieh mal, Achim, dies wäre meine Traumjacke. Sie hat hier einen roten Fleck, vielleicht bekomme ich sie billiger, ich muss es versuchen.“ Da Achim seine Mutter verstehen konnte und ihr auch so viel wie möglich gönnte, ihn außerdem die Sache reizte, ging er verständnisvoll, sich ganz als männlicher Beschützer fühlend, mit in das Glashäuschen. Der Abteilungsleiter war natürlich unterwegs. Aber ein freundliches Mädchen hieß sie warten, und es dauerte auch gar nicht lange, da kam der Herr im weißen Kittel – er sah eher wie ein Doktor aus –, und so würdevoll benahm er sich auch, denn seine Macht reichte weit. Gerade jetzt, als es um die Jacke ging, sagte Christa mit ihrem freundlichsten Augenaufschlag: „Sehen Sie mal, ich hätte die Jacke so gern gekauft, aber dieser rote Fleck ist dermaßen störend, dass mir mein Geld dafür zu schade ist. Können Sie sie mir eventuell billiger lassen? Denn soo viel Staat ist mit ihr ja auch nicht mehr zu machen.“ Der weiße Mann hatte es eilig, schnell hatten seine Augen die Situation erfasst. Ein Blick auf den roten Fleck genügte. „Ich gebe Ihnen 100,– als Gutschein, den können Sie sich bei der Kasse gleich auszahlen lassen. Das andere geht von selbst.“ „Ja, vielen Dank“, stammelte Christa, und Achim nickte zustimmend. „259,– DM, nun dann will ich die Jacke nehmen, mir diesen langgehegten Wunsch erfüllen. Und jetzt schnell zur Kasse.“ Dies sagte Christa ihrem Sohn, der sich inzwischen noch Schuhe gekauft und eine elektrische Kaffeemaschine für seine Studentenbude nebenbei mitgenommen hatte. Sie griff noch nach Waschpulver, und zwei Päckchen Strumpfhosen wanderten nebenbei in den Wagen. Es ging auf 18.30 Uhr zu. Ob es noch Tannenbäume geben würde, dachten beide, als sie in der Schlange warteten.

Nach einer Weile waren sie dran. Achim zeigte gleich den Gutschein. Christa bekam die 100,– DM und steckte sie ein. Dann rechnete sie mit einer Ausgabe von insgesamt 360,– DM. Doch was geschah? Sie musste nur 260,– DM bezahlen. Christa wunderte sich zwar, wieso das so billig sei, sagte aber nichts und bezahlte mit einem Scheck. Schnell zum Tannenbaumkauf, dachte sie, und so schoben sie den Wagen dem Ausgang zu. Plötzlich sagte Achim: „Wer muss eigentlich den Fehler tragen, wenn die Kasse nicht stimmt?“ „Aber natürlich die Kassiererin“, antwortete Christa verständnislos. „Aber Mutti, das geht doch nicht! Es ist ja morgen Weihnachten und da können wir doch nicht zulassen, dass die Kassiererin uns noch 100,– DM mehr erlassen hat; denn sie hat uns doch schon 100,– DM in bar ausgezahlt.“ „Jaja, ich hatte auch irgend so etwas bemerkt, aber ich dachte, wir haben keine Zeit, und lasse sie doch aufpassen!“ „Aber es ist morgen Weihnachten, Mami.“ „Du hast recht“, meinte Christa. Und es kämpften Stolz und Ungeduld in ihrem Herzen miteinander. War ihre Erziehung nicht immer dahingehend gewesen, Unrecht nicht zuzulassen, sich für andere einzusetzen, ehrlich und genau zu sein? Und nun wunderte sie sich. Sie lä-

„... Es ist gleich Schluss hier und morgen ist Weihnachten, haben Sie gar nichts anderes zu tun, als jetzt noch zu meckern?“

chelte, völlig einverstanden mit der vergeudeten Zeit. Also gingen beide zurück. An ihrer Kasse hatte sich die Schlange verdoppelt. Christa sprach die Kassiererin an und beugte sich über die leeren Verkaufswagen. „Hören Sie mal, Sie haben sich versehen, ...“ „Ich versehe mich nicht“, kam die barsche Antwort, und das eilige Fräulein schaute nicht einmal auf. „Aber es handelt sich um die Lederjacke ...“ „Also kommen Sie mir nicht, dass die Jacke zu teuer war, ... überhaupt, gehen Sie jetzt“, ihre Stimme wurde laut. Achim machte beschwichtigende Gesten. Jetzt wurde die Schlange wütend. „Was wollen Sie noch, gehen Sie nach Hause, wir haben alle keine Zeit, heute. Es ist gleich Schluss hier und morgen ist Weihnachten, haben Sie gar nichts anderes zu tun, als jetzt noch zu meckern?“ „Aber ich meckere doch nicht, ich wollte doch nur darauf aufmerksam machen, dass sich die Kassiererin geirrt hat, zu ihrem Nachteil.“ „Unsinn, die Kasse ist elektronisch, die irrt sich nie“, und nun schrie sie schon, und die Schlange wurde eine wilde Woge, wie bei einer Achterbahn, wo alles weht und wirbelt. Christa hatte es satt, und sie sagte laut zu ihrem christlich handeln wollenden Sohn: „Lass sie doch, sie hat selbst schuld, mir ist es nur recht."

Durch diesen Aufruhr wurde eine weiß gekleidete Kitteldame, die sich als so eine Art Aufseherin entpuppte, munter – vorher hatte sie an eine Säule gelehnt gestanden, wahrscheinlich taten ihr die Füße schon weh, kein Wunder. Doch jetzt kam sie: „Womit sind Sie nicht zufrieden? Können Sie unsere Kassiererin nicht in Ruhe lassen – morgen ist doch Weihnachten, was wollen Sie? Kommen Sie mit Ihren Reklamationen nach dem Fest. Jetzt hat keiner mehr Zeit. Haben Sie doch Verständnis!", lenkte sie sanfter ein. „Es geht doch nicht um uns, es geht um die Jacke", versuchte Achim zu erklären. „Die Jacke", echote die Kitteldame, „es wird nichts getauscht." „Nein, aber der Preis." „Das müssen Sie sich eher überlegen, was Sie kaufen wollen. Hier gibt es kein Geld zurück", regte sie sich auf. Christa wurde es ganz heiß. Sie hatte keine Lust mehr, den Leuten Gutes zu tun, sollten sie doch sehen, wie und wer den Fehler tragen sollte. Aber Achim ließ nicht locker, er hatte schon erhitzte Wangen, er sah wirklich weihnachtlich aus und glühte vor Eifer, seiner guten Sache so gewiss wie das Amen in der Kirche. Jetzt kam auch noch der Mann, der „Doktor" aus dem Häuschen. Er hatte die Unruhe bemerkt, das Gerede war bis zu ihm gedrungen. „Aber ich habe Ihnen doch eben gerade 100,– DM gegeben mit dem Gutschein, wieso sind Sie jetzt noch nicht zufrieden? Es ist ganz unmöglich, sich hier jetzt so aufzuführen.“

Da zog Christa ihren Sohn am Ärmel und flüsterte: „Lass sie doch, komm, wir gehen. Wenn sie nicht wollen, für uns ist es doch so viel besser, was streiten wir uns hier für andere, es ist zu dumm.“ Und sie wandte sich zum Gehen. Achim zögerte. Plötzlich stand die Kassiererin neben ihnen. Sie hatte ihre Kasse geschlossen und schwang den Belegzettel in der Hand. „Bei mir ist alles in Ordnung, es gibt keine Fehler. Die Jacke war doch schon in der Elektronik auf 159,– DM herabgesetzt“, und sie schaute auf den Preiszettel, der an der Jacke baumelte, die Christa über den linken Arm gelegt hatte. Dort allerdings war nur ein roter Strich zu sehen, von dem wohl auch der rote Fleck stammte, und der Preis von 359,– DM. Die Ermäßigung war nur dem Computer eingegeben worden. „Der Betrag, den Sie gezahlt haben, stimmt.“ „Aber die 100,– DM“, schrie Achim jetzt und nahm auch keine Rücksicht mehr darauf, dass sich eine Traube um diese Gruppe zu versammeln begann, denn wenn es irgendwo ein Randalieren gibt, vielleicht sogar mit der Aussicht, dass bald die Polizei kommt und einige mitnimmt – da vergessen die Menschen sogar, dass Weihnachten vor der Tür steht. „Die 100,– DM haben Sie uns zu viel gezahlt, verstehen Sie?“ Es verstanden alle – und es wurde auf einmal sehr still. Wie betäubt standen sie da. So etwas hatten die Menschen noch nicht erlebt. Da kämpft jemand, um Geld zurückzubringen, das noch nicht einmal jemand haben wollte.

In den weißen Herrn kam zuerst Bewegung. „Mich trifft die Schuld, ich hätte die 100,– DM nicht auszahlen dürfen, sondern mich erst vergewissern, ob die Herabsetzung des Preises nicht schon dem Computer eingegeben worden sei. Ich hätte die 100,– DM aus meiner Tasche blechen müssen. Wie stehe ich nun da, ich kann das alles nicht begreifen, solche Menschen habe ich noch nicht getroffen. Sie sind vom Himmel gefallen!" Und damit schaute er Achim an, und die Menschenmenge strahlte. „Morgen ist Weihnachten", rief jemand aus der Menge, „es gibt noch gute Menschen – wir haben es eben erlebt." Da drückte der weiße Herr Christas Hand lange und fest, bis sie schmerzte. Und als sie mit feuchten Augen die 100,– DM aus ihrer Tasche nahm und dem weißen Herrn in die Hand gab, nahm dieser sie einfach kurz in die Arme. Die Menge lachte, amüsierte sich und verlief sich. Aber an der Kasse war wieder Murren zu hören: „Warum geht es nicht weiter?"

Christa und Achim gingen schweigend zu ihrem Auto, verstauten die Sachen und fuhren so schnell wie möglich an die bestimmte U-Bahn-Station, wo sie immer den Weihnachtsbaum kaufen.

Es sah schon ziemlich leer aus, das Tannengehege sollte gerade geschlossen werden, da stürmten die beiden noch durchs Tor. „Ach, bitte, wir brauchen noch einen Baum." „Aber, das ist jetzt schlecht, es ist das meiste ausverkauft." Doch zögernd fügte der Verkäufer hinzu: „Da war noch eine Nordmanntanne, eine recht große, zurückgestellt. Und wenn sie bis kurz vor 20 Uhr nicht abgeholt ist, dann können wir sie verkaufen." „Können wir sie sehen?", fragten Christa und Achim wie aus einem Munde. Und da lehnte ihr Weihnachtsbaum, schon in ein Netz gehüllt und gar nicht so gut zu erkennen, traurig an der Wand des kleinen Verkaufsschuppens. Alles an ihm schien so vollkommen, die Höhe, die Spitze. „So können wir ihn sowieso nicht stehen lassen, die Zweige leiden ... Also, wenn Sie ihn haben wollen, dann ..." Und der müde Verkäufer ließ ihnen den Baum für den halben Preis. „Ja, den nehmen wir ganz schnell, wir sind schon lange unterwegs, und in der Familie weiß niemand, wo wir sind, und ohne Tannenbaum kann die ganze Zeremonie des Schmückens nicht beginnen."

Achim schleppte den Baum mit Christas Hilfe zu seinem Auto, er klappte das Verdeck herunter und steckte den Baum von oben hinein. Christa zog sich die Kapuze über die Ohren und ab ging's.

Zu Hause standen schon die anderen Kinder in der Tür und warteten und bestürmten sie. Es wurde dann der schönste Vorabend, den sie je erlebt hatten. Es stritt nicht der Vater mit der Großmutter, es fielen keine Kugeln herunter, die Leiter hielt, und auch der Baum musste nicht an die Heizung gebunden werden wie sonst so oft. Das Marzipanbrot war schon da, und der neue Wein wurde probiert. Dazu erklang das Weihnachtsoratorium wie in jedem Jahr: *Jauchzet, frohlocket! Auf, preiset die Tage! ...*

Marzipanrezepte

Als ich Kind war, hatten wir drei Jahre lang ein Mädchen, dessen Verlobter als Bäckergeselle in Plön arbeitete. Er kam zweimal in der Woche mit seinem Motorrad angefahren und brachte Marzipanmasse mit. Dann begann Maggi, wie ich sie nannte, bald diese Masse mit Puderzucker zu verkneten, bis sie keinen mehr aufnehmen konnte. Aus diesem Teig formte sie die schönsten Dinge. Ich saß staunenden Auges in der Küche und war wie ein bettelnder Hund, der auf einen Happen seines Herrn wartet.

Maggi verließ uns am 1. September 1939, um den Bäcker zu heiraten. Fortan stand sie in seinem väterlichen Geschäft und verkaufte – wie ich meinte – vor allem Marzipan. Nach acht Tagen Polenfeldzug war ihr Mann gefallen. Der Bäckerladen in Kiel-Gaarden wurde im nächsten Jahr von Bomben getroffen. Wir haben nie wieder etwas von Maggi gehört. Aber in meinen Marzipanrezepten lebt sie weiter.

Marzipankartoffeln: Die gekaufte Marzipanmasse wird mit Puderzucker – siehe oben – verknetet, dem noch einige Tropfen Rosenöl beigemischt werden. Man formt kleine Bällchen und wälzt sie in Kakaopulver.

Marzipantorte: Ich kaufe bei einem guten Bäcker einen großen Biskuitboden, der zweimal durchgeschnitten wird. Dann schlage ich einen halben Liter Schlagsahne, süße sie mit Vanillezucker und streiche die Hälfte der Sahne auf einen Boden. Darüber streue ich eine Schicht gehackter Walnüsse. – Der zweite Boden wird auf den ersten gelegt, angedrückt und ebenso bestrichen und mit Nüssen versehen. Der dritte Boden wird daraufgelegt. Dieser bekommt einen Deckel oder eine Decke aus Marzipan. Dafür werden 200 g Marzipanmasse mit 100 g Puderzucker verknetet, ausgerollt, und die Torte wird mit Marzipan umhüllt. Als Verzierung dienen halbe Walnüsse. Sehr lecker in der Adventszeit.

Marzipanplättchen mit Zuckerrand: 200 g Margarine und 80 g Marzipanmasse sowie das Innere einer Vanilleschote, 60 g Puderzucker und die abgeriebene Schale einer halben Zitrone miteinander vermengen, 200 g Mehl, 60 g Speisestärke nach und nach dazugeben und so lange verkneten, bis ein fester Teig entstanden ist. Dieser wird zu Rollen geformt und eine Nacht zum Ruhen und Durchziehen in den Fliegenschrank im Keller (heute besser in den Kühlschrank) gelegt. Die Teigrollen am nächsten Tag rundherum mit 1 Eigelb bestreichen und in einem Gemisch von 2–3 Päckchen Vanillezucker und 3–4 Esslöffel Zucker wenden.

Alsdann in ½ cm dicke Scheiben schneiden. Diese auf einem ungefetteten Backblech auf der mittleren Schiene hellgelb backen und sofort mit einem Messer vom Blech heben und auskühlen lassen. Sehr mürbe, sehr lecker!

Gedanken zur Weihnacht

Seit Jahren schreibe ich Weihnachtsgedichte.
Ist das nicht immer dieselbe Geschichte
von Hetzen und Jagen und Kerzenschein
und davon, dass immer mehr Menschen allein?

Das Christfest ist nicht an Schnee gebunden;
in aller Welt hat man Lichter gefunden,
die glänzend am Tannenbaum funkeln
und dich suchen überall im Dunkeln

deiner Seele, die so viel Böses sieht
und sich beschämt vor Gott hinkniet. –
Menschen können wenig Kraft dir geben,
sie haben zu tun mit eigenem Leben,

mit ihrer Zukunft, die ein Abenteuer,
aber nur gelingt, wenn das Feuer,
das verborgen in ihren Herzen brennt,
das Wesentliche beim Namen nennt:

Bewahre das Gesunde in der Natur!
Behüte das Echte in Kunst und Kultur!
Dämpfe die lauten, die schrillen Töne!
Kämpfe, dass sich Mensch mit Mensch versöhne!

1987

Aberglauben und Wunder

Aberglauben und Wunder. Ist die Grenze fließend? Ist nicht in jedem von uns ein wenig Aberglaube, irgendetwas, das man seit frühester Kindheit als Warnung kennt: Montags wird nicht wochenalt oder zwischen Weihnachten und Neujahr darf man keine Wäsche hinaushängen; wenn man mit dem rechten Bein stolpert, muss man denselben Weg zurückgehen, da sonst ein Unglück geschieht. Es gibt noch viele solche Dinge. Ich finde, man sollte sie einfach vergessen, denn sie können ja nur belasten, und mit Christsein haben sie gar nichts zu tun.

Aber es gibt auch positiven Aberglauben, also Dinge, die Glück bringen, wenn man sie befolgt. So etwas lasse ich auch in mein Leben hinein. Ebenso verhalte ich mich bei Horoskopen. Sieht alles miserabel aus, bahnt sich gar ein Unheil an, sage ich mir: „Das ist alles Hokuspokus." Aber wenn etwas von Liebe und Geborgenheit, die stabil sind, darinnen steht, dann glaube ich fest daran – und auch das ist Aberglauben.

Wenn bei dem Aberglauben nun die Realität dazukommt, und das im guten Sinne, dann ist man dem Wunder schon ganz nah.

Und nun die Geschichte dazu. Es war einmal ein Ehepaar, das hatte sich schon seit langem nicht mehr viel zu sagen. Ob es damit zu tun hatte, dass sie nicht derselben Konfession angehörten, oder damit, dass er stets überarbeitet war, oder damit, dass sie sich nicht mehr so pflegte und ein wenig in die Breite ging, oder, dass beide zu sehr an ihren Eltern hingen? Alle diese Symptome zusammengenommen ergaben eben eine Ehe, die nicht mehr alltäglich zu nennen, die schon am Absterben war.

Dieses Ehepaar wurde alle Jahre am 1. Weihnachtstag zu einem befreundeten Ehepaar eingeladen mit den Kindern zum gemütlichen Kaffee und dann zum Musizieren. Da die Familien – es war noch eine dritte, etwas jüngere Familie dabei, jede hatte drei Kinder, die sich gut verstanden – allen Kindern bei derselben Klavierlehrerin Unterricht geben ließen, waren die Stücke schon aufeinander abgestimmt, ein Cello kam noch hinzu und eine Flöte.

Der Tannenbaum war bunt geschmückt mit weißen Kerzen, alten geschnitzten Engeln, silbernen Kugeln und viel lustiger Schokolade, das heißt mit Herzen und Stiefeln, Scheren und Posaunen, Pilzen und kleinen getürmten Napolitains. Das Programm, das ganz improvisiert war, lief stimmungsvoll ab. Die älteste Generation: Großmütter von uraltem Alter bis zum Mittelalter waren auch dabei, sie genossen die Enkelkinder, die Stimmung, den Sekt, den es dann auch noch gab. Es war gut, dass das gastgebende Ehepaar drei ineinandergehende, zwar nicht sehr große, aber doch weihnachtlich geschmückte Zimmer hatte. So konnten die Alten bald den Kerzengeruch nicht mehr ertragen und gingen nach nebenan. Dort bewunderten sie die riesengroße Engelkapelle und kamen bald in ein Gespräch über ihre vergangenen Weihnachtsfeste.

Indessen spielte das Flötenkind immer weiter. Der Tannenbaum hatte die ganze Zeit das Licht seiner Kerzen gezeigt. Es war warm geworden. Die Menschen wurden still und schauten in die verlöschenden Kerzen. „Oh“, sagte die Hausfrau, „es gibt ein tolles Spiel oder vielleicht ist auch etwas Wahres daran. Wer rät, welche Kerze zuletzt erlischt, der darf sich etwas wünschen, das ganz gewiss in Erfüllung geht.“ Alle hatten verschiedene Meinungen. Nur das Ehepaar, das sich so wenig zu sagen hatte, setzte auf die wirklich letzte Kerze und durfte sich etwas wünschen – ganz im Geheimen, versteht sich. So ging es Jahr um Jahr. Die Ehe der beiden wurde immer schlechter. Schließlich gestand sie mir einmal: „Ich habe mir immer gewünscht, dass unsere Ehe in Ordnung kommt – das ist nun schon vier Jahre her, und nichts ist besser geworden, im Gegenteil. Ich kann es zu Hause nicht aushalten, die Kinder werden immer unausstehlicher und spielen uns gegeneinander aus.“ Und seine Bemerkungen waren auch keine Schmeicheleien.

Dann starben die Eltern der beiden, die Großeltern der Kinder. Es waren schwere Zeiten, zumal auch noch Diebe die Wohnungen durchsuchten und manch anderes äußere Übel sich einstellte.

Jeder litt unter der Entfremdung. Die Frau sagte: „Soll ich konvertieren? Ob das etwas bringt?“ Der Mann meinte: „Soll ich unser Haus verkaufen? Ob es dann anders wird?“

Und wieder begann das Spiel: Wer die letzte Kerze bestimmt, darf sich etwas wünschen.

Wieder kam Weihnachten. Der Gastgeberin graute ein wenig vor diesem Fest. Es war aber wie immer. Die Kinder waren größer geworden, schwieriger. Der Tannenbaum stand in derselben Ecke. Und wieder begann das Spiel: Wer die letzte Kerze bestimmt, darf sich etwas wünschen. – Vielleicht hatte die Gastgeberin etwas zu viel Sekt getrunken, oder sie war auch nur überarbeitet. Sie sprudelte: „Diesmal aber muss derjenige, der richtig setzt, denselben Wunsch, so er noch nicht in Erfüllung gegangen ist, wieder wünschen und mir ins Ohr sagen ..." Wie durch Zufall war es auch diesmal das Ehepaar, das die letzte Kerze richtig bestimmte. Im vorigen Jahr hatte der Gastgeber seine Frau noch ausgelacht, als sie darin etwas Besonderes sehen wollte, mit den Worten: „Das sind Naturwissenschaftler, die können eben berechnen, welche Kerze sich am längsten hält. Vielleicht sehen sie es auch an der Qualität des Wachses."

Beide Teile des Ehepaares hatten großes Vertrauen zu der Hausfrau. Und so war es ganz natürlich, dass diese beiden sie nacheinander zur Seite nahmen und ihr sagten, dass sie sich all die Jahre gewünscht hätten, dass ihre Ehe wieder so werden würde wie in den ersten Jahren. Es war eine Liebesheirat gewesen. Die gemeinsame Studentenzeit war ihnen wie ein Weg ins gemeinsame Glück erschienen.

Und dann kam eben der Alltag. Für sie eine fremde Stadt im Norden, andere Menschen mit anderen Mentalitäten, anderem Glauben, anderen Gewohnheiten. Und er hatte aus Liebe alles mitgemacht, was sie wollte, bis zur Selbstaufgabe, bis beide die Kraft verließ durchzuhalten. Vorwürfe häuften sich auf Vorwürfe, die die Kinder unbewusst schürten. Jedes wollte einen Elternteil für sich haben, ohne zu begreifen, dass Eltern nur dann für Kinder zu einem Segen werden, wenn sie eine gute Ehe führen. „Gott heilige die Ehen!" Welch ein Gebet! Man denkt kaum darüber nach, wenn man es hört, und doch ist es das wichtigste Gebet, weil nur aus heilen Ehen heile Menschen werden können.

Nun, es geht um unser Ehepaar. Man darf nicht vergessen, dass Stolz und Eigensinn, Bockigkeit und Sturheit oder vielleicht Verstocktheit all diese Schwierigkeiten gebracht hatten. Da die Hausfrau nun beider Geheimnisse wusste, zog es sie zu jedem. Aber allein vermochte sie mit keinem zu sprechen. Sie eilte ruhelos von Zimmer zu Zimmer, schenkte die Gläser voll und sah nach den Kindern, die sich nach oben zum Fernsehen zurückgezogen hatten.

Im Weihnachtszimmer glommen die Kerzen vor sich hin. Die letzte Kerze leuchtete noch sehr hell, als ob sie eine Aufgabe zu erfüllen hätte, leistete sie es sich, nicht zu verlöschen, als das Wachs zu Ende war, sondern sie erhob ihr Licht nur aus dem Docht, im Metallhalter stehend. Die Hausfrau begriff dies nicht, als sie hinzutrat. Erst später wusste sie, dass eine andere Macht diesen Docht ins Unermessliche verlängert hatte.

Ob es vom Sekt kam, von der allgemeinen Weihnachtsstimmung, dass die Hausfrau sich ein Herz fasste, als sie das Ehepaar allein im Zimmer gewahrte, die getrennt stehend in die verlöschende Kerze schauten, als ob sie ein Wunder erwarteten – und zuerst dem Mann ins Ohr raunte: „Deine Frau hat sich immer gewünscht, dass eure Liebe wieder aufersteht." Und dann ging sie wie schlafwandelnd zwei Schritte auf die Frau zu: „Heinz hat sich immer gewünscht, dass alles so sei, wie zu Beginn, denn nur einmal kann man so lieben." Dann eilte die Hausfrau aus dem Zimmer.

Als alle gingen, waren diese beiden die Einzigen, die sich an den Händen hielten.

Flügel

Wir Menschen sind Engel mit einem Flügel
unvollkommen und schlecht.
Und hilft Gott uns nicht in den Bügel,
bleiben wir unser eigener Knecht.

Wenn wir nicht lieben und vergeben
und den Nächsten fest umfassen,
damit wir Halt haben in unserem Leben
und nicht jede Versuchung lassen,

werden wir nie zwei Flügel haben. –
So wollen wir in der Weihnachtszeit
nur wuchern mit den guten Gaben
und Liebe verströmen gegen das Leid.

1988

Quelle

Fröhliche Weihnacht von Jahr zu Jahr
wünsch ich euch. Ist es nicht wunderbar,
dass immer noch dieses Fest uns hebt
und über uns stets als Segen schwebt?

Auch wenn viele Menschen gekommen
vom Osten weither in unser Land,
wenn uns so oft wird beklommen,
reichen wir ihnen gerne die Hand.

Alles, was düster, traurig erschien,
schmilzt zur Weihnachtszeit vielfach dahin.
Kinderaugen reißen uns mit,
wir werden jung mit schnellem Schritt.

Die Ohren gespitzt, die Augen weit,
gehen wir durch die heilige Zeit.
Bewundern können ist das Beste,
es ist wie eine liebe Geste,

die schweigend den anderen anerkennt,
ihn annimmt, dann seinen Namen nennt.
Die Quelle der Liebe ist im Geist,
der uns auf das neue Leben weist.

1989

Kraft

Und wenn du denkst, es ist vorbei,
die Sonne wird für dich nicht scheinen,
und du bist selbst ganz einerlei
in deiner Trauer, deinem Weinen,

weil dich das Schicksal hart getroffen –
so gibt es anderswo doch Gutes.
Die Einigung der Deutschen lässt uns hoffen:
zusammen sind wir guten Mutes.

Du singst doch wieder Weihnachtslieder:
Oh Jesulein süß, oh Jesulein zart.
Gottes Sohn kommt zu uns hernieder,
in ihm hat Er sich offenbart.

Er kommt uns zu tragen in der Not,
uns nicht verderben zu lassen,
uns hinüberzuhelfen über den Tod.
So wollen Seine Hand wir fassen,

dem Nächsten schauen ins Angesicht.
Gott gibt die Kraft zum Weiterleben!
Verstehst du auch so manches nicht,
bist du doch von Trost umgeben.

1990

Tante Martha

Es ist der 2. Advent. Ich fahre mit meinem Mann in Richtung Klosterstern zur Adventsfeier in der Loge, Moorweidenstraße. Als wir in den Eppendorfer Baum einbiegen, wird dieser Straßenname uns als Lichterbogen dargebracht. Wir kommen in eine Märchenlandschaft. Überall Sterne und Lichterketten, die wir besonders bewundern können, als die Ampel auf Rot springt.

Immer, wenn ich durch diese Straße fahre, muss ich an Tante Martha denken. Sie wohnte Eppendorfer Baum Nr. 6 gerade über dem herrlichen Ausstattungsgeschäft Hornburg. Vor diesem Herrn hatte sie Angst, weil sie befürchtete, die immer höher werdende Miete nicht mehr bezahlen zu können, dabei wohnte sie seit vierzig Jahren dort, bis an einem Tag im Advent sich ihr Leben veränderte.

Mein Mann fuhr weiter ... Ich wartete auf das leuchtende Geschäft mit den erlesensten Möbeln und Stoffen, Leuchtern und all der Pracht, die ein Hamburger Einrichtungshaus der obersten Gattung zu bieten hatte. Nur zweimal habe ich eine Kleinigkeit dort gekauft, weil mir alles zu teuer war, aber allein einmal darin gewesen zu sein erschien mir wie ein Besuch im Paradies.

Aber, was war das? Eine dunkle Höhle schien mir der ganze Bau jetzt zu sein. Gespenstisch spiegelten die gegenüberliegenden Lichter sich in den schwarzen Fensterscheiben. Also auch so ein gestandenes Geschäft ist vergänglich? Ich konnte es nicht begreifen.

Meine Gedanken eilten, während mein Mann langsam in den Klostersternkreisel fuhr, zurück. Seit ich mit meiner Familie 1958 nach Hamburg zog, war dieses Haus Eppendorfer Baum, in dem die Cousine meiner Mutter, Tante Martha, wohnte, unser Hamburger Zufluchtsort. Als in den 70er Jahren Tante Martha nicht mehr die Treppen zu ihrer Wohnung im zweiten Stock, einen Fahrstuhl gab es in dem Gebäude nicht, gehen konnte, kaufte ich ihr jahrelang am Freitag auf dem Isemarkt das, was sie brauchte.

Und einmal, es war auch in der Adventszeit, hatte ich Kiefern- und Tannenzweige besorgt, da sie immer etwas Frisches um sich haben musste, weil sie ursprünglich vom Lande kam. Sogar eine dicke Kerze hatte ich erstanden, da ich wusste, sie würde sich dies niemals mehr kaufen, seit sie sich abgewöhnt hatte zu feiern. Zu schwer war ihr Leben gewesen.

Das Parken war damals schon eine Katastrophe. Ich fand nur direkt neben dem U-Bahn-Eingang auf der gegenüberliegenden Seite ein kleines, gewiss auch verbotenes Plätzchen, das ich aber nahm, weil ich niemanden belästigte. So eilte ich mit meinen Tüten hinauf.

Tante Martha kam schlurfenden Schrittes an die Tür gehumpelt. Sie öffnete mir. Vor mir stand diese stattliche Erscheinung, die sie immer noch war, obwohl das Leben sie arg mitgenommen hatte. Ihre dunkelblauen großen Augen begannen zu leuchten, als sie mich erblickte. Sie liebte auch unsere Kinder sehr.

Noch einmal versuchte ich, sie dazu zu bewegen, den Weihnachtsabend bei uns zu verbringen, mit Kinderfreude und Karpfen. Dass sie keinen Karpfen mochte, erfuhr ich erst später.

So eilte ich die Treppen wieder hinunter, und was fand ich an meiner Windschutzscheibe festgeklammert? Einen Strafzettel! Ich war wütend, steckte ihn in meine Manteltasche. Dann vergaß ich ihn.

Ungefähr acht Tage später, es ging mehr und mehr auf den Heiligen Abend zu, rief eine Dame von dem gegenüberliegenden Haus am Eppendorfer Baum mich an. Ich hatte sie einmal auf Tante Marthas Geburtstag kennengelernt. „Ihre Tante hat gestern und heute kein Licht in ihrem Zimmer gehabt. Es kommt mir komisch vor. Sie müssen sich darum kümmern." Da es schon wieder nach 19 Uhr war, konnte ich meinen Mann einspannen, mit mir zu Tante Martha zu fahren. Wir klingelten an der Haustür Sturm. Wir klopften und rüttelten an der Tür und fragten die Nachbarin gegenüber. Nichts. Es erfasste mich eine Panik. Die nächste Polizeistation ist in der Oberstraße. Wir fuhren sofort dorthin. Sie war von einem älteren, freundlichen Beamten besetzt, dem ich etwas aufgeregt meine Angst um meine alte Tante beteuerte. Er verstand sofort und sagte nur: „Alle Wagen, besonders die der Feuerwehr, sind im Einsatz. Sie müssen sich hier gedulden. Ich kümmere mich derweil weiter um einen Kontakt."

Brav saß ich eine Weile auf dem Stuhl. Die Handschuhe hatte ich ausgezogen und griff in die Manteltasche auf der Suche nach einem Taschentuch. Was fand ich dort? Den Strafzettel vom letzten Freitag. Und da wurde ich wieder wütend, und es brach aus mir heraus: „Wenn man einer alten Dame Lebensmittel bringt und nur kurz falsch parkt; schon hat man einen Strafzettel. Ach, ich finde alles so ungerecht. Denken Sie an das Leben meiner Tante: Sie stammt aus der Generation, die ihre Väter, Schwäger, Brüder zum Teil an Verwundungen des Ersten Weltkrieges verloren haben. Und dann das Vermögen anschließend in der Inflation. Eine Ausbildung zur Höheren Tochter, dann eine Heirat mit einem Kriegsversehrten, der sie bald allein zurückließ. Da keine Kinder aus der Ehe vorhanden waren, hatten die Lederfabrikanten in Schleswig keine Verwendung mehr für sie und legten ihr nahe, doch zur Mutter, ebenfalls Witwe, zurückzukehren. Die Inflation setzte auch dieser Fabrik zu, und so bekam sie schließlich keinen Pfennig mehr von dort. Tante Martha ist eine von den sogenannten verschämten Armen, die es nicht schaffen, zum Sozialamt zu gehen, die hungern und redlich bleiben und leiden." Ich holte Luft.

Der Polizeibeamte sah mich an. „Ja, und dann hat diese Tante nach dem Tod ihrer Schwester deren Sohn aufgezogen, der als U-Boot-Kommandant 1943 im Eismeer geblieben ist. Schließlich zog sie mit ihrer Mutter nach Hamburg, um den Haushalt ihres Bruders, der Polizeipräsident war, zu führen. Später heiratete er, blieb kinderlos und fiel. Die Witwe bekam eine große Pension, Tante Martha und ihre Mutter lebten weiter von den Paketen, die sie von Verwandten bezogen. Dass sie ein geerbtes Haus vor der Währungsreform verkauft hat und nun immer nur 250,– DM bekommt, konnte sie nicht übersehen. Es ist alles so schrecklich.“ –

„Sagen Sie doch bitte den Namen des Polizeipräsidenten“, bat der Polizist: „Hans Christian Schulze.“ – „Das war mein Vorgesetzter. Ich habe ihm viel zu verdanken und ihn sehr geschätzt.“ Dann blätterte er in einem dicken Buch und sagte: „Geben Sie mir mal den Strafzettel.“ Er schlug einige Seiten zurück und hatte die Eintragung. Mit dem Finger zeigte er darauf, begann die Zeile mit einem dicken schwarzen Stift auszulöschen, zerriss den Strafzettel und lächelte.

Ich bekam vor Dankbarkeit rote Wangen. „Das Weihnachtsfest steht vor der Tür, warum soll die Polizei, die dein Freund und Helfer ist, nicht einmal alte Sachen begleichen und eine junge Frau glücklich machen?“ Ich war sprachlos für eine Sekunde, aber der Polizist nickte wie sich selbst zu und sah tief in die Kerze, die auf seinem Schreibtisch angezündet war.

Lärmend kamen die Feuerwehrmänner in die Polizeistation gerannt. „Es ist so viel zu tun. Und nun zu Ihnen. Wohin sollen wir? Ja, Eppendorfer Baum 6, 2. Stock. Am besten, Sie fahren hinter mir her“, sagten sie zu meinem Mann gewandt. Ich gab dem

Polizistenfreund schnell die Hand und hauchte: „Danke, Sie sind wie ein Geschenk des Himmels!" Dann eilte ich hinter allen her.

Es waren bange Minuten, als das Klopfen an der Haustür wieder nicht fruchtete. „Mit Ihrem Einverständnis: Wir müssen die Tür aufbrechen." Und schon hatten sie in Windeseile, wie mir schien, die Tür geöffnet. Dunkelheit umgab uns. „Tante Martha, Tante Martha!" Ich schrie es heraus. Nichts. Sekundenlang hatte ich solche Angst, dass ich einen Schweißausbruch bekam. Selbstmord? „Oh, bitte nicht, lieber GOTT", betete ich ein Stoßgebet. Dann hatten die Leute den Lichtschalter gefunden. Hell, doch düster erschien der lange Flur, von schweren alten Schränken begrenzt. Ich stürzte ins Wohnzimmer. Wieder endlich Licht. Da lag sie, gekrümmt, mit schmerzverzerrtem Gesicht: Sie hauchte: „Mein Kind, habt ihr mich gefunden, ich kann nicht aufstehen." Die Feuerwehrleute hoben sie auf eine Trage, und mit Blaulicht ging es nach Eppendorf in die Klinik.

Mein Mann und ich eilten hinterher. „Oberschenkelhalsbruch", lautete die Diagnose, mir schien es nach Stunden, während wir auf dem kahlen Flur auf- und abgingen. Nur einmal entfernte sich mein Mann zum Telefonieren, um die wartenden Kinder zu beruhigen.

Tante Martha wurde fabelhaft aufgepäppelt. Aber sie kam nie wieder in den 2. Stock dieses Hauses, Eppendorfer Baum 6, in dem sie, auch im Krieg, so viel gelitten hatte. Ein neues Leben begann für sie.

Das Erste war, dass sie, als der Heilige Abend kam, aufrecht sitzen konnte. Sie war in einem hellen Zimmer mit drei anderen Patientinnen. Jeder hatte einen bunten Teller neben sich stehen. Als ich sie besuchte, wurden die Türen weit aufgemacht, und ein Schulchor sang den von Jochen Klepper gedichteten Satz: „Die Nacht ist vorgedrungen." Strophe 4 ließ Tante Marthas Augen leuchten: „Noch manche Nacht wird fallen auf Menschenleid und -schuld. Doch wandert nun mit allen der Stern der Gotteshuld. Beglänzt von seinem Lichte hält euch kein Dunkel mehr, von Gottes Angesichte kam euch die Rettung her." Es war das erste Weihnachtsfest seit dem Tod ihrer Mutter 1955, das sie in einer Gemeinschaft verbrachte. Und sie konnte sich nicht dagegen wehren, dass sie sich mehr und mehr wohl fühlte.

Es kamen noch schwere Entscheidungen. Tante Martha wurde nach Wochen in eine Rehabilitationsklinik gebracht. Wir fanden für sie im Rosenstift, das ganz in unserer Nähe liegt, in dem auch meine Schwiegermutter war, ein kleines Apartment im Parterre mit einer Terrassentür und einem kleinen Garten. Tante Martha blühte auf. Die Kinder bewerkstelligten, dass sie von da an alle Weihnachten bei uns in der Stavenhagenstraße verbrachte. Christian, der Jüngste, an dem sie sehr hing, und der immer mit einem 20-Mark-Schein von ihr kam, kriegte heraus, dass sie keinen Karpfen mochte. Auch ich offenbarte meine Abneigung. So wurde es Sitte: zuerst ein kleines

Stück Karpfen, aus Anstand und der Erziehung wegen, aber dann Beefsteak satt.

Es gab noch Obstsalat. Dann brachten wir die Alten nach Hause in ihr Stift. Unsere Familie aber fuhr in den Mitternachtsgottesdienst in die Klosterkirche St. Nikolai, an dem Haus Eppendorfer Baum 6 vorbei. Für uns alle war dieser Alptraum Vergangenheit.

Oft saß mein Mann ganz allein unten in der Gemeinde, denn die drei Kinder und ich sangen im Schulchor des Johanneums von der Empore aus: „Ehre sei Gott in der Höhe."

Licht

Das Jahr ist schnell entschwunden,
du hättest's nicht gedacht.
Du hattest zu viel Wunden,
in dir war meistens Nacht.

Die Kraft zum frohen Denken,
sie reichte oft nicht aus.
Gefaltete Hände lenken
auf GOTT, sein großes Haus.

Dort ist Platz für die Seelen,
die leiden große Not,
die sich mit Schuld auch quälen;
hier gibt es tröstend Brot.

Und wenn du dann die Stätten,
die ersten Jünger geseh'n;
wie Worte uns erretten,
kannst du das Heil versteh'n.

Das Licht wird dich begleiten,
das über dem Christkind schwebt.
Es wird dich wärmen, leiten.
Und du weißt, dass GOTT lebt.

1991

Botschaft

Wo ist das Jahr geblieben?
Es gab viel Arbeit, wieder Leid.
Ich habe kaum geschrieben,
ich hatte keine Zeit.

Doch zwischen all dem Trubel
hab ich Gebete gesandt,
damit im Weihnachtsjubel
Seine Botschaft wird erkannt. –

Dann kam ich nach Annaberg
tief ins Erzgebirge hinein.
Ich wurde wie der kleine Zwerg
und staunte über die Schnitzereien

der Räuchermännchen und Karusselle
der Tannen und Schlitten.
Hier misst man mit anderer Elle:
Wahrhaftiges wird nur gelitten.

Auf einmal kommt in dein dunkles Herz
der Herr mit Seines Lichtes Fülle,
dass nicht Hochmut, Angst und Schmerz
Seine Offenbarung uns verhülle.

1992

Haselnussberge

GROSSE UND KLEINE KINDER lieben Haselnussberge. Sie lieben den Teig, die Form, die sie mit den Händen rollen, die Oblaten und zuletzt die warmen Berge, frisch aus dem Ofen. Dann verschwindet dies Weihnachtsgebäck, aufgetürmt in bunten Blechdosen, um die gemütlichen Adventsnachmittage bei Kerzenlicht nach und nach festlich zu bereichern. – Die Teigmasse ist verführerisch leicht herzustellen: 4 Eier, 500 g brauner Zucker, 1 Päckchen Vanillezucker, 625 g gemahlene Haselnüsse.

Oblaten kommen noch dazu und ganze Haselnüsse zum Verzieren. Eier und Zucker werden mit dem Handmixer geschlagen, geriebene Nüsse und Vanillezucker hinzugefügt. Fertig!

Dann sind Kinder gefragt, Tanten und Großmütter. Die Hände werden angefeuchtet, dies muss oft geschehen. Mit einem Teelöffel sticht man ein Stück von der Masse ab, rollt es zu einem Bällchen, setzt dieses auf eine Oblate, auf der der Teig sofort haftet. Zum Schluss wird eine ganze, ausgeknackte Haselnuss auf den kleinen Haselnussberg gedrückt, was ihm eine gedrungene, gemütliche Form gibt. – Und nun in den Ofen, schwache Mittelhitze ist angebracht, fast sollen sie trocknen.

Welch ein Duft zieht nun durch das Haus!

Weihnachtsduft

Advent liegt wieder in der Luft
noch ist's wie Raunen in den Blättern,
ein letztes Schütteln in den Wettern.
Du atmest zarten Weihnachtsduft.

Das Jahr hat sich im Kreis gedreht.
In den verschied'nen Jahreszeiten
ließest zum Besten du dich leiten?
Du erntest so, wie du gesät.

Dann neues Leben in alter Stadt.
Aus der Ruine wächst die Blüte.
Das Leid wird zugedeckt durch Güte,
so jeder seine Chance hat.

Gott kommt uns nun wieder näher,
weil wir hoffend zu leben lernen.
Die Reinheit leuchtet von den Sternen,
wenn du wach bist wie ein Späher.

Schuld dem andern gegenüber: nenn!
Dann ist die Zukunft gut gelitten.
Verzeih und klopfe an mit Bitten:
„Ich lasse Dich nicht, Du segnest mich denn."

1993

Errettung

Je länger man lebt, je kürzer die Zeit;
wir haben es mühsam erfahren.
Es ist nicht mehr weit zur Ewigkeit.
Was nützt unser hektisch Gebaren?

Wir reisen umher und schreiben viel:
lange Briefe und kurze Karten.
Sehen, aufnehmen, halten das Ziel;
wir können nirgendwo warten.

In uns haben wir den Geist gespürt
von tausendfacher Geschichte;
uns haben die Götter angerührt,
wir standen in heiligem Lichte.

Geblendet sahen wir all die Pracht
und konnten gar nicht begreifen,
dass das Kind, geboren im Stall zur Nacht
die Welt ließ verändern und reifen.

Leben hat eine neue Dimension,
wir schauen endlich wieder nach innen;
wissen um die Errettung heute schon
fürchten uns nicht vorm stillen Besinnen.

1994

Das Religionsprotokoll

Unser Sohn Jochim war gar nicht mehr so klein. Er war bereits konfirmiert, ging in die Obertertia und hatte im Gymnasium auch Arbeitsgemeinschaften, wie zum Beispiel Philosophie oder Religion. Jochim hatte sich für die Religions-AG entschieden.

Aber nach den Herbstferien, als es draußen dunkler zu werden begann, morgens um 7 Uhr noch Licht gebraucht wurde und in Hamburg oft der Regen auf das Pflaster prasselte, dass die Blätter auseinanderstoben, aufzustehen schien einem Opfer gleich.

In diesen Tagen also bemerkte ich, dass Jochim donnerstags morgens keine Anstalten machte, die Frühstunde zu erreichen. Ich ärgerte mich darüber, weil ich zweimal umsonst aufgestanden war. – Schließlich fragte ich ihn am nächsten Mittag, als er von der Schule kam: „Was ist mit deiner Religions-AG bei dem tollen Lehrer Molineus? Ist sie eingegangen?" Jochim wurde rot. „Es hat keiner mehr Lust, so früh aufzustehen, und Religion ist auch kein Prüfungsfach, also, was soll's?"

Zuerst war ich sprachlos. Dann sagte ich völlig selbstverständlich und sehr ruhig: „Wenn du diese Stunde schmeißt, dann lasse ich mich scheiden." Jochim schaute mich entsetzt an. „Ja, wenn ich meinen Schwur vor Gott halte, erwarte ich auch von meinen Kindern, dass sie Gott und dem Lehrer treu sind." – Es schloss sich eine kurze Diskussion an, die ich vergessen habe. Fortan stand ich donnerstags morgens nicht mehr früh auf, auch wenn ich es hin und wieder auf der Treppe poltern hörte. Die Blätter waren nun alle von den Bäumen gefallen. Und auf einmal lag es in der Luft: „Es weihnachtet sehr." In der Stadt wurden die Illuminationen angebracht, in den Schaufenstern bewegten sich Weihnachtsmänner, und Schnee rieselte wie in einem so kleinen Glasgehäuse für Kinder, das man schütteln muss. Ich saß wieder da als Hausfrau mit all der notwendigen Hektik, die so wenig zu tun hat mit dem „Friede auf Erden". Und doch, es gehört alles dazu. Am Nachmittag, ich hatte gerade den Sirup für die braunen Kuchen gesucht und den braunen Zucker, den ich noch vom letzten Jahr hatte – als Jochim fröhlich die Treppe hinuntersprang und rief: „Ach bitte, Mutti, hab einen Augenblick Zeit und lies dies für die Schule." Schnell ließ ich mich auf dem Küchenstuhl nieder – und stellte in Sekundenschnelle fest, dass die wichtigsten Familiengespräche meist in der Küche stattgefunden haben. Ich las: „1. Religionsprotokoll der Donnerstagsfrühstunde von Herrn Molineus

Advent – von der Erwartung

Weihnachten – von der Erfüllung

Advent: Wir hoffen auf Rettung, auf einen König, dessen Macht nicht in der Gewalt bestehen wird und der trotzdem Macht hat. Darum der Esel statt des kriegerischen Pferdes.

Und dann kommen wir auf den Einzug in Jerusalem, der eigentlich zu Ostern gehört. Die Menschen brechen Zweige von den Bäumen wie die Juden beim Laubhüttenfest. Das Alte Testament wird berührt und die Sehnsucht nach der Ankunft des Messias. –

Wir aber gehen weiter und kommen zum Weihnachtsfest – dem Fest der Erfüllung. Denn hier erfahren wir im Joh. 1,14: ‚Das Wort ward Fleisch.'

Gott wird Mensch. Das ist die Mitte dieses Festes. Und das macht uns so menschlich, wie wir es sonst in keiner anderen Zeit des Jahres sind.

Das Christkind hat die Gaben auf unsere Tische gelegt. Denn wäre dies Kindlein nicht auf Erden gekommen – wer von uns hätte sich bemüßigt gefühlt, andere zu beschenken, zu begrüßen? Und so sollen wir keine Weihnachtsfeste feiern, ohne nicht auch derer zu gedenken, die arm und einsam sind, sollten – auch wenn es unsere Familienidylle zeitweise stört – Menschen einladen oder doch wenigstens auf einige Geschenke und Genüsse verzichten, um andere desto mehr zu bedenken."

Hier umflorte sich mein Blick dermaßen, dass ich nicht mehr weiterlesen konnte. Auch quälte mich unterschwellig die Frage: Wieso dies Religionsprotokoll?

Ich sah meinen Sohn fragend an: „Ja, Mutti. Du hast mich mit deinen Argumenten stark gemacht. Ich habe einfach in der Gruppe gesagt, dass ich dabeibleiben wolle, dass mich dies interessiere und dass ich Molly gut finde und dass man ihm das auch nicht antun könne, denn jeder hatte seine resignierte Reaktion gesehen. Dann sagte auf einmal Thomas, dass er auch käme, dem hängte sich Matthias an. Auf einmal waren wir vier und nun machen sieben mit, kontinuierlich." Ich sah zu Jochim auf und las mit seltsam klaren Augen den Spruch, der den Schluss des 1. Religionsprotokolls bildete:

„Ach machte Du mich Armen
in dieser Heil'gen Zeit
aus Güte und Erbarmen
Herr Jesu selbst bereit.
Zeuch in mein Herz hinein
vom Stall und von der Krippen
so werden Herz und Lippen
Dir allzeit dankbar sein."

Trost

Mythen, Geschichten, Legenden
haben nun ihre hohe Zeit.
Alles will zum Licht sich wenden,
leiser und stiller wird das Leid.

Du erkennst deinen Platz auf Erden
und weißt auch, dass du sterblich bist.
Anders siehst du alles Werden,
wenn du nun klug, dies nicht vergisst.

So wird das Kind in der Krippe
dir Vorbild, Trost und Hilfe sein.
Du versammelst mit der Sippe
dich bei der Kerzen warmem Schein.

Endlich kommst du zum Besinnen,
und denkst auch, wie es früher war.
Du wirst wieder neu beginnen,
erwartest gern das neue Jahr.

Wie unter einem Kuppelbau
bist du beschützt, Gott verbunden.
Deine Lebensmosaiken schau:
Du hast deinen Weg gefunden.

1995

Pilgerfahrt

Wir gehen wieder auf Weihnachten zu;
das heißt Besinnung und innere Ruh'.
Wenn wir GOTT auch sehr fürchten und
lieben,
ist Vertrauen der Felsblock geblieben,

in dessen Spalte wir geschützt, versteckt;
wenn Gefahr droht, wir wieder angeeckt.
So ist das Leben eine Pilgerfahrt!
Im festen Glauben sind wir stets bewahrt,

und wir werden nicht straucheln noch fallen.
Die Verheißung Jesu gilt uns allen.
Wir müssen nur die Geduld aufbringen,
dies zu begreifen und Lob zu singen.

Was die Vergangenheit uns hat gelehrt
und die Zukunft uns wohl auch noch beschert,
ist doch nur zu bewältigen mit: „Ja!"
Der Doppelpunkt ist offen, für uns da.

Täglich geht's weiter. Es gibt kein Ende;
doch geben wir uns in Seine Hände
scheint durch die Dornen das ewige Licht:
Für uns gibt es Hoffnung und Zuversicht.

1996

Hilfen

Es gibt Menschen, die an beiden Enden brennen
wie Kerzen. Im Stillen wir die Namen kennen
derer, denen Gott erlaubt, gut und heil zu sein,
und die uns so hell leuchten wie der Weihnachtsschein.

Es gibt sehr selten Charisma, Schönheit und Mut
und die heißen Herzen, die erbeben vor Glut.
Wie Edelsteine glänzen sie in edlem Schliff,
während wir uns nur noch stoßen am Alltagsriff.

Es gibt nur die Höhen, wo auch das Schwere war:
Lieblosigkeit, Armut, auch Krankheitsgefahr.
Das sind Anstöße, in die Tiefe zu loten
und offen zu sein für die himmlischen Boten.

Es gibt Hilfen, die uns überwinden lassen,
die uns die Kraft geben, die Hand fest zu fassen,
die uns ganz unverhofft über die Seele streicht,
der gewiss niemals ein anderes Streicheln gleicht.

Es flammt starke Hoffnung auf in diesen Tagen,
wo aufgeworfen viele brennende Fragen.
Wir dürfen uns jetzt verlassen auf Gottes Tat.
O, dass nun bald aufgehe der Selbstlosen Saat.

1997

Wie Kinder

In mein Fenster schauen Fliederbeeren,
die Kinder sammeln die Kastanien.
Wer wird sich um den Herbst lang kehren,
wenn die Weihnachtsmänner rot wie Geranien

bald die Stadt beherrschend singen?
Schnell ist der Wandel. Eine neue Zeit
steht bevor, was wird sie uns bringen?
Wir wissen nur: Weihnacht ist nicht weit.

Das Fest bleibt sich treu, in allen Wirren.
Es ist so gut für unsere Seelen,
für Geist und Gefühle, die sich irren.
Und wird uns Friede, Ruhe fehlen,

brauchen wir Gottes Liebe, Beständigkeit,
auf die wir uns verlassen können, hoffen.
Das gibt Vertrauen, macht bereit
und stark. Ich bin für Neues offen.

Der Kinder Augenleuchten kündet
die Weisung für die neue Zeit:
dass aller Zweifel in euch schwindet,
„wenn ihr wie eure Kinder seid“!

1998

Jahreswechsel

Dies Jahr ist nun vergangen
in einem schnellen Lauf.
Was wirst du nun empfangen?
Und freust du dich darauf?

Vergangenes kommt nicht wieder
und das ist wohl so gut,
denn es kam viel hernieder,
oft fehlte dir der Mut.

Manches ist abgeschlossen,
es gibt nun mehr Stille, Ruh'. –
Hast du vieles auch genossen,
so drückte dich der Schuh.

Gesundsein, das heißt beten
und danken jederzeit.
Im Inneren Unkraut jäten,
bedenk, dein Weg ist weit.

Nun freu dich doch aufs Neue,
geh Schritt für Schritt voran
und halte dir die Treue:
Fang immer wieder an.

1998

Bibliophiler Rückblick

Antje Thietz-Bartram hat alle Gedichte seit 1952 gesammelt. Sie wurden mit einer mechanischen Schreibmaschine getippt. In diesem „Familienexemplar", fachgerecht wunderschön in hellgrünem Leinen gebunden, sind die Gedichte von 1952 bis 1977 versammelt. Diese Ausgabe ist ein Wegbereiter der vorliegenden „Weihnachtsuhr" mit Texten seit 1962.

„ An Deiner Seite "

1952-1977

Man erkennt sehr gut, dass ein dickeres, langlebiges Papier benutzt wurde, damit der Buchbinder dieses Einzelexemplar von Hand fachgerecht binden konnte.

A N D E I N E R S E I T E

1952 - 1977

ANTJE THIETZ - BARTRAM

Auf Seite 145 bis 151 sieht man deutlich die hellgraue Schreibmaschinenschrift. Das Zusammenlaufen der Buchstaben ist auf die Benutzung eines gefärbten und mehrfach zu verwendenden Textilbands als Farbgeber statt eines nur einmal nutzbaren Carbonbands zurückzuführen.

Weiterhin sind die aufgeklebten Original-Scherenschnitte von Gretel Lemcke, die die Autorin auf Seite 10 erwähnt, kontrastreich zu erkennen. Die Schnitte der nächsten Buchseite sind bereits durch das Papier hindurch zu sehen.

1969

Wir wissen, daß es immer schwer
in dieser Zeit an Gottes Sohn z
daran, daß Er der gute Hirt,
dies alles wollen uns viele rau

Schwer ist es gegen den Strom z
das Leben nach Jesus auszuricht
und weiterhin Gott Lob zu singe
in Seinem Namen Streit zu schl

In diesen heiligen Tagen des A
wo überall die Lichter brennen
da ist es not, daß ihr bekennt
und mutig Seinen Namen nennt!

Geborgenheit

Du gibst mir meine Heimat
bist meine Geborgenheit,
bist da
und alles ist gut !

An deiner Schulter zu ruhen
ist wie dem Pulsschlag
des Guten lauschen,
ist Friede.

Ich kann nicht ohne dich,
du mein Heil.
Was ich auch tu,
meine Heimat bist du !

1973

Von der Krippe scheint wieder das Li
Doch die meisten sehen es nicht.
Denn es ist kein Neongleißen!
Was soll's schon verheißen?

Geblendet gehen die Menschen dahin
Und sehen in Gott niemals den Sinn.
Doch wenn es ans Abschiednehmen geh
Nichts mehr besteht.

Denn es gibt ein Zuspät,
Auch wenn du gesät.
Und es gibt ein Niemehr,
Und es schmerzen Enttäuschungen seh

Wenn du das erkannt in diesem Jahr,
Dann weißt du: es wird nicht mehr w
Wärm' dich am Krippenlicht!

Antje Thietz-Bartram hat die ersten beiden Auflagen der „Weihnachtsuhr“ 1988 und 1998 im Eigenverlag herausgegeben. Produziert wurden sie von der Christians-Druckerei in Hamburg.

Hier: links der abgenommene vierfarbige Schutzumschlag, daneben das Hardcover mit einem goldenen Hintergrund und einer schwarzen Grafik 1998.

Thietz-Bartram · DIE WEIHNACHTSUHR
Die Weihnachtsuhr
VON ANTJE THIETZ-BARTRAM

Inhalt

Perlen der Literatur

1. Elisabeth Langgässer: Proserpina, 1932
2. Gorch Fock: Seefahrt ist not!, 1912
3. Walter Benjamin: Einbahnstraße, 1928
4. Robert L. Stevenson: Die Schatzinsel, 1883
5. George Orwell: 1984, 1948 (Neuübersetzung)
6. Felix Timmermans: Pallieter, 1916
7. Heinrich Mann: Die kleine Stadt, 1909
8. Christian Morgenstern: Palmström, Galgenlieder, 1920
9. Antje Thietz-Bartram: Die Weihnachtsuhr, 1988
10. Franz Kafka: Forschungen eines Hundes, Der Bau, 1922
11. Hannelore Valencak: Das Fenster zum Sommer, 1967
12. Elizabeth von Arnim: Bezaubernder April, 1922
13. Franz Werfel: Die blassblaue Frauenschrift, 1941